Evidence-Based
Practice

心理職のための
エビデンス・
ベイスト・
プラクティス 入門

エビデンスを「まなぶ」「つくる」「つかう」

原田隆之

金剛出版

心理職のための
エビデンス・ベイスト・プラクティス入門
エビデンスを「まなぶ」「つくる」「つかう」

原 田 隆 之

はじめに

　かつて，自らの実践する心理臨床には効果があるとアプリオリに盲信していても何も問題のなかった時代があった。しかし，それはとうに時代遅れになった。エビデンスに基づく医療（Evidence-Based Medicine : EBM），エビデンスに基づく実践（Evidence-Based Practice : EBP），あるいはエビデンスに基づく心理臨床（Evidence-Based Psychological Practice : EBPP）という言葉は，わが国の心理臨床の現場にもかなり普及してきた感がある。

　しかし，その一方で，いまだ「エビデンス」という言葉や EBP に対して，違和感，あるいは嫌悪感や反感すら抱く心理臨床家も多い。これはわが国の心理臨床において非常に不幸なことである。そして，そのほとんどは，明らかに初歩的な誤解や無知に基づいていると言っても過言ではない。つまり，EBP が広がりを見せる一方で，その意味や目的が十分に理解されず，言葉だけが独り歩きをしているというのが現状である。

　さらに，EBP というものは好き嫌いですませることのできるような問題ではない。それは何よりも，効果的かつ倫理的な臨床のため，そして臨床心理学の発展のためには必須のものであり，心理臨床家すべてが実践しなければならないものである。

　言うまでもなく，医療分野での EBM はここ 20 年ほどの間に相当な広がりを見せ，医療のパラダイムを大きく変貌させた。イギリスの代表的な医学誌である "British Medical Journal"（BMJ）は，医療の歴史上の「画期的な出来事」のひとつとして，X 線や抗生物質と

ならんで EBM を挙げたほどである（Dickersin, Straus, & Bero, 2007）。

　もちろん医療と心理臨床は大きく異なるが，その目指すところは同じはずである。メンタルヘルスの臨床現場であれば，心身の悩みを抱え苦しむ人々に対し，本来のその人らしい人生を再び歩むことができるように援助をする。これは職種は違っても誰もが大きな目的としていることであろう。しかし，そこで働くプレイヤーが同じ言葉を語らず，医師や看護師が「エビデンス」を語り，心理臨床家ひとりがいつまでもエビデンスを顧みず，「たましい」や「集合的無意識」などを語っていたのでは，ことに専門職同士の連携の重要性が叫ばれる今，心理専門職への軽視につながりかねないことを危惧してしまう。そればかりか臨床心理学という学問の発展にも大きな障害となる。

　そもそも私自身が EBP に関心をもつようになったのは，私の主たる臨床場面が司法臨床であったことと大きく関係している。もちろん，どのような臨床場面においても，効果的な治療を実施することは至上命題であるし，多くの臨床家はそうした努力を積み重ねているであろうが，司法臨床では，おそらくほかのどの心理臨床場面よりも「治療効果」がシビアに求められる。たとえば，刑務所内では性犯罪者治療（性犯罪者再犯防止プログラム）を実施しているが（法務省，2006），治療を受けた者が出所後，再犯に至ってしまったらどうなるだろう。被害者にはかり知れない大きな傷を与えてしまうし，大きな社会不安や刑務所処遇に対する不信を招いてしまう。また，刑務所での受刑者処遇は，貴重な税金を使って行なわれている。つまり，司法臨床では，治療の成功・失敗が非常に明確に表われるだけでなく，失敗した場合の影響がきわめて大きい。さらに，納税者たる国民に説明責任を果たすこと，すなわちどのような治療を，どのような根拠に基づいて行なっているのかを明確にすること

が求められる。

とはいえ，残念ながら司法臨床の現場が EBP の理想を完全に実現しているというわけではない。司法臨床においても，エビデンスを欠いた臨床の残滓が至るところに残っているし，私もかつてはそうした臨床を行なってきた一人である（原田，2010c）。本書は，こうした反省に立ち，わが国の今後の心理臨床に新しい波を呼び込むことを願って書かれた。

EBP は，心理臨床に大きな革命を起こす力となるものである。私はそれを信じて疑わない。そして，何よりも倫理的な心理臨床においては欠かせないものである。したがって，EBP に関心がある人にはもちろん，むしろ疑念や反感を感じている人にも，これからの臨床のために本書を手に取って，「エビデンス」とは何か，EBP と何かについて理解を深めていただきたいと切に願っている。本書では，このような目的のために，統計や数字に対するアレルギーがある読者でも抵抗なく読み進めていただけることを念頭に置き，統計的説明や数式は省略またはできる限り簡素化し，表現も平易なものとするように心がけた。

さらに，すでに EBP に大きな関心をもち，自らの臨床に活かしておられる方，エビデンスを生み出すための研究に関心をもっておられる方にも役立つ内容も盛り込んだ。たとえば，エビデンスを臨床に活かすといっても，優れたエビデンスにどのようにアクセスするのか，優れたエビデンスとそうでないエビデンスをどのように見分けるのか，どのようにして知識をアップデートするのかなどはなかなか難しい問題である。それには多くのノウハウが必要である。

また，現在われわれが活用すべき良質のエビデンスは，そのほとんどがアメリカをはじめとする欧米諸国で生み出されたものである。しかし，心理療法の効果は，文化・社会的な要因の影響を受けやすい。

だとすれば，欧米で行なわれた研究成果に基づくエビデンスを，わが国でそのまま用いることには問題がある。わが国の心理臨床には，わが国独自のエビデンスが必要だからである。これはわが国の研究者に課された大きな課題である。つまり，研究者には，わが国で産出されたエビデンスをわが国の臨床に活かすことができるようにするという使命がある。さらに，そのエビデンスを既存の（欧米中心の）エビデンスに加えることによって，エビデンスという知の集積に貢献することが，今，日本の研究者に強く求められている。しかし現在は残念ながら，日本の研究者や臨床家は欧米で産出されたエビデンスの「タダ乗り」をしているような状況である。

　日本の臨床心理学の論文は，数ある学問領域のなかでも海外の研究者から引用されることが皆無に近く（そもそも英語での論文の発表自体が非常に少ない），そのため研究も臨床もずっと「井の中の蛙」「鎖国」「ガラパゴス」状態が続いている。質の高い研究をできる限り英語で発表し，あるいは海外の研究者と共同研究などを進めて「鎖国」を解かなければ，わが国の臨床心理学研究のレベルはますます低下し，世界から取り残された惨憺たる状況になるだろう。欧米で生まれた新しい理論や技法を嬉々として「輸入」し，紹介するだけが研究者の仕事ではない。

　今から20年近く前になるが，アメリカに留学していたとき，ある著名な研究者から「日本の臨床心理学は30年遅れている」と言われて愕然とした覚えがある。そのときは，そんなはずはないと思ったものの，冷静に具体的に考えるとその指摘はまったく正しく，現在もその差は埋まるどころか，もっと開いているかもしれない。

　丹野（2001）は，わが国には欧米的な意味でのサイエンスとしての「臨床心理学」が存在せず，科学 vs 反科学の様相を呈していることを嘆いている。さらに，日本の臨床心理学はサイエンスの部分

を欠き，アートの部分に偏りすぎているため，これでは宗教や呪術との区別がつかないと述べる。私もまったく同感である。このような現状を打破するためには，研究者や臨床家がわが国の臨床心理学の問題点に対して，もっと危機意識をもち，それを克服するための対策を講じることが喫緊の課題である。

　かつて心理療法無効論や無用論が声高に叫ばれた時代があり，そうした疑念はまだ多方面に多い一方で，自然災害や大きな事件事故の後に「こころのケア」の必要性が説かれ，心理臨床への期待が寄せられることもごく普通になってきた。われわれはそうした社会からの期待に応える必要がある。しかし，EBP が根づいていない現状ではその期待を裏切ってしまい，再び心理臨床への不信や疑念が大きくなってしまうのではないだろうか。社会やクライエントから寄せられた期待に応え，真に効果のある心理臨床を実践するために，エビデンス・ベイスト・プラクティスは，今後ますます重要な導きの糸となるものである。

本書の構成

　EBM（EBP）の実際に関しては，3 つの相に分けて考えると理解しやすい。それは，エビデンスを「つくる」「つかう」「つたえる」の 3 つである（正木・津谷，2006；津谷，2012；津谷・山崎・坂巻，2000）。

　エビデンスを「つくる」のは，臨床研究である。特に，ランダム化比較試験やメタアナリシスと呼ばれる質の高い研究がそれを担う。EBP にはまず何をおいても，臨床研究によってエビデンスを「つくる」ことが必須である。

　次に，こうしてつくられたエビデンスを，臨床家が臨床実践にお

いて「つかう」ことが EBP の一番重要な側面である。つまり，エビデンスのある介入を実際のクライエントに対して用いることが，エビデンスを「つかう」という局面である。しかし，そのためには臨床家はつねに研鑽を積んで，それらの介入技法を用いることができるようになっていなければならない。さらに，膨大な文献の山からどのようにして最善のエビデンスにアクセスし，それを目の前のクライエントに適用していくかという技能も問われる。

　エビデンスは向こうからやってくるわけではない。学会発表や学術論文などを通して，最新最善のエビデンスを知り，自分の知識をアップデートしておくことが EBP 時代の臨床家には求められる。とはいえ，実際のところ，全世界で3万冊とも言われる医学雑誌に毎年200万件の論文が掲載されているというのだから（古川，2000），そのなかから最適なエビデンスを選り分けて活用することなど，不可能に近いとすら思えてしまう。そこで重要になってくるのが，いかに最善のエビデンスを効率よく「つたえる」か，というエビデンスのロジスティクスである。つまり，一般の臨床家がエビデンスにアクセスしやすいように，研究者はその環境を整えるべきなのである。現在，複数の国際組織や研究者グループがそうした役割を担っており，活発な活動を展開している。

　本書では，以下この3つのキーワードを用いて，各章でそれぞれの内容を詳細に述べていくこととするが，その前にエビデンスとは何かについて，エビデンスを「まなぶ」ための導入的な章を設けた。第1部「エビデンスをまなぶ」（第1〜3章）がそれに当たる。

　第2部は「エビデンスをつくる」（第4〜5章）ための章である。ここでは，臨床研究やメタアナリシスの方法について解説する。自分は臨床家なので研究にはあまりなじみがないという方も，ここは飛ばさずに読んでいただきたい。研究の方法論というものは，研究

をする際に必要であることはもちろんだが，研究論文を読む（エビデンスを「つかう」）際にも，そしてエビデンスの質を吟味する際にも重要な技能だからである。つまり，研究法は研究技能であると同時に，EBPでは臨床技能でもある。

　第3部は「エビデンスをつかう」（第6章）ための章である。ここでは，エビデンスを検索するためのノウハウや，メタアナリシスの論文を読むために必要な知識について解説する。これらはこれまでの心理臨床では特段必要とされなかった技能であり，EBPにおいて特徴的な技能であると言える。

　第4部「エビデンスと心理療法」（第7〜8章）では，心理療法におけるEBPについて，それまでに述べた知識や技能を総動員して，再び実践的な事項について議論する。第7章では，心理療法には本当に効果があるのか，効果のある療法とない療法はあるのかという点について，第8章では具体的にどのような介入にエビデンスがあるのかなどについて，詳しく述べていきたい。

　最後に残ったキーワード，エビデンスを「つたえる」ことについては，それを専門とする研究者でなければ特段必要とされることではないため，特別な章を設けていないが，その概要は随時本文の適切なところで触れていく。

心理職のための
エビデンス・ベイスト・プラクティス入門
エビデンスを「まなぶ」「つくる」「つかう」

目次

- はじめに／3

第1部　エビデンスをまなぶ

第1章　エビデンスとは何か _____ 19

1 − ホメオパシーをめぐって
2 − 治療アプローチや技法の選択
3 − 効果とは何か
4 − EBP の定義
5 − エビデンスの質

第2章　エビデンス・ベイストに対する批判 _____ 48

1 − 「エビデンスで人の心はわからない」
2 − 「臨床心理学は科学ではない」
3 − 「エビデンスによって特定のアプローチや介入を批判するべきではない」
4 − 「エビデンスは統計的多数者を重視し，少数者を切り捨てるものではないか」
5 − 「EBP は治療の画一化を招くのではないか」
6 − 「ランダム化比較試験は非倫理的ではないか」
7 − 「EBP や RCT は心理療法の医療化をいたずらに推し進めるものではないか」
8 − 「エビデンスは大事だが，それだけではいけない」

第3章 EBMの発展 ———————————————— 68

1 －古典的なエビデンス
2 －ストレプトマイシン試験
3 － EBM の誕生と発展
4 －メタアナリシス
5 －コクラン共同計画
6 －エビデンスを軽視したらどうなるか

第2部 エビデンスをつくる

第4章 研究法とエビデンスの質 ———————— 85

1 －事例研究
2 －前後比較研究
3 －ケース・コントロール研究
4 －コホート研究
5 －一事例実験
6 －わが国の臨床心理学研究の現状と課題

第5章 ランダム化比較試験（RCT）————————101

1 －リサーチ・クエスチョンを設定する
2 －参加者をランダムに群分けする
3 －介入を実施する
4 －アウトカムを比較する
5 － RCT の登録と報告

第3部 エビデンスをつかう

第6章 エビデンスの臨床活用 ——————— 137

1 － 臨床疑問の定式化
2 － エビデンスの検索
3 － エビデンス検索の実際
4 － エビデンスの批判的吟味
5 － コクランレビューの読み方
6 － メタアナリシスをめぐる最近の動向

第4部 エビデンスと心理療法

第7章 心理療法の効果についての論争 ——————— 183

1 － Eysenck による心理療法無効論
2 － 心理療法有効論
3 － ドードー鳥という怪鳥
4 － 治療効果と共通要因
5 － 実証的に支持された心理療法
6 － わが国における心理療法の評価研究

第8章 疾患別のエビデンス _____220

1－不安障害

2－心的外傷後ストレス障害

3－うつ病

4－統合失調症

5－物質使用障害

● おわりに——EBP の未来／251

文献／257

索引／275

著者略歴／279

第 1 部

エビデンスをまなぶ

第 1 章

エビデンスとは何か

　最初に，エビデンスとは何か，エビデンス・ベイスト・プラクティス（EBP）とは何かについて，その前提，基本的な概念，定義などを含めて簡潔に説明をしたい。理解を助けるために，まず 1 つの例をもとに話を進めていくことにする。

1　ホメオパシーをめぐって

　「ホメオパシー」というものをご存知だろうか。少し前になるが，このホメオパシーをめぐって，日本学術会議が異例の声明を出した（図 1.1）。

　ホメオパシーとは代替医療の一種であり，生物や鉱物などに由来する自然の物質を水で希釈し，それを砂糖玉に沁み込ませたものを薬（「レメディ」と呼ばれる）として服用する。自然由来の「体にやさしい」医療として，近代西洋医学に不安や反感をもつ人の間で支持されている。ところが，先ほど物質を希釈すると述べたが，その希釈の仕方が尋常ではない。元の成分を水で 10 倍に希釈したあと，よく振盪し，それをまた 10 倍に希釈するという手続きを何度も繰り返し，最終的にはなんと，1,000,000,000,000,000,000,000,000,000,000,000,000,000,000,000,000,000,000,000 倍にまで希釈するのだという（Singh & Ernst, 2008）。

　合理的に考えれば，できあがったのは単なる水である。これだけ薄めたのでは元の物質の分子すら入っていない。しかし，驚いたこ

図 1.1　ホメオパシーに関する新聞報道（『朝日新聞』2010 年 8 月 25 日）

とに，ヨーロッパでは，ホメオパシーは一般的な医療の一部となっており，医学部でも普通に教えられている。その結果，医師の 6 割はホメオパシーを通常の医療で用いているという（Singh & Ernst, 2008）。

　一方，わが国ではどうだろう。わが国にも「日本ホメオパシー協会」「日本ホメオパシー医学協会」などの団体があり，さまざまな活動を行なっている。後者のホームページでは，PM2.5 による大気汚染に対するホメオパシーとして，黄砂，車の排気ガス，福島の土などをペットボトルの水に溶かして飲用することを勧めている。悪い冗談のようだが本気でそれを信じているらしく，このほかにもアスベストやダイオキシンを薄めて飲むのも良いという。

　幸いわが国においては，ほとんどの人が，このような「医療」は馬鹿げているという感想をもつのではないだろうか。しかしその一

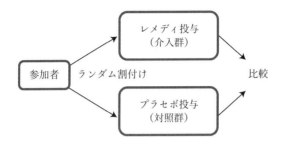

図 1.2 ランダム化比較試験（RCT）の基本デザイン

方で，なんとなく興味があるという人もいるだろう。また，そんな危険なことを医療場面で行なうのはけしからんという意見もあるだろう。このようなさまざまな感想はさておき，ここでわれわれが問うべき命題は「ホメオパシーには効果があるのか？　そして害はないのか？」というものである。たとえば，喘息のホメオパシーを飲んで喘息は治るのか？　ADHDのホメオパシーでADHDは治るのか？　福島の土はPM2.5対策になるのか？　副作用はないのか？

こうした問いに答えるには，実験（臨床試験）をするしかない。臨床試験を行なうにあたって，一番信頼が置ける試験デザインは**ランダム化比較試験（Randomized Controlled Trial：RCT）**と呼ばれるものである（Torgerson & Torgerson, 2008）。複数の患者をランダムに2群に分け，一方の群にレメディを投与し，もう一方の群にはただの砂糖玉（プラセボ）を投与するというのが，最も一般的なデザインである（図1.2）。こうして，両群の経過を比較して，レメディを投与した介入群のほうにプラセボを投与した対照群よりも有意な改善が見られたら，「効果あり」の判断を下すことになる。これがエビデンスである。

実際，ホメオパシーをめぐっては，数多くの RCT が行なわれてきているが，ホメオパシーの効果を支持するエビデンスは見出されていない（Shang et al., 2005）。個々の疾患別に見ても，たとえば喘息に対するホメオパシーの効果を検証した研究では，「喘息に対するホメオパシーの役割を評価するにあたって信頼の置けるエビデンスは不十分である」と結論している（McCarney et al., 2004）。また，ADHD に対するホメオパシーでも「ADHD の治療に対するホメオパシーの効果には，現在のところほとんどエビデンスがない」とされている（Heirs & Dean, 2007）。

このように，ホメオパシーの効果を支持する科学的根拠（エビデンス）は現在のところないということであり，これを医療において用いるのは医学的理由からも，倫理的理由からも差し控えるべきである。もちろん，ホメオパシーについて，いろいろな意見や態度をもつのは自由である。ただ，これを生身の人間に対して，専門家たる者が医療として用いる際には，その効果を裏づける科学的エビデンスが必要である。

ここで注意してほしいのは，ホメオパシーが荒唐無稽だから良くないと言っているのではない，ということである。いくら荒唐無稽でも，一見効果がなさそうでも，実際に効果があるのであれば，それを用いることは正しい判断である。作用機序はよくわからないが効果がある，という治療法は実はたくさんある。ホメオパシーが良くないのは，その荒唐無稽さゆえではなく，「効果がない」（より正確に言えば，効果を支持するエビデンスがない）からである。

自分自身が患者であると考えてみればよい。対価を支払って効果もない治療をされたいと思う患者がいるだろうか。効果がないだけでなく，その治療によって病気が悪化してしまうかもしれないし，大きな副作用があるかもしれない。さらに，効果のある別の治療法

第1章 エビデンスとは何か　23

を受ける機会を奪われたということにもなる。これらは，ホメオパシーを否とする倫理的な理由でもある。

　このことは心理療法にも当てはまる。臨床家として大切なことは，自らの臨床実践においてエビデンスに基づいた臨床判断ができているのか，それを衿を正して謙虚に考える態度である。ホメオパシーは心理臨床ではないし，あまり身近ではない他人事であるので，「馬鹿げている」「荒唐無稽だ」「患者さんに失礼だ」などと批判をすることができても，いざ自分の心理臨床になるとエビデンスを軽視して，好みや習慣に頼ってしまうのでは，ダブルスタンダードもはなはだしいと言わざるを得ないであろう。たとえば，「小児にも性欲があり，異性の親に性的願望を抱いている」などという理論は，ホメオパシー以上に荒唐無稽であるように思えるし，その理論を支持するエビデンスもない。

　われわれは心理臨床において，知らず知らずのうちに「ホメオパシー」を行なってしまってはいないだろうか。

2　治療アプローチや技法の選択

　心理臨床にはさまざまな治療法がある。アメリカの文献によれば，400 を超える「流派」があるそうだ（Prochaska & Norcross, 2007）。日本にはそれほど多くはないだろうが，それでもざっと考えてみただけでも，力動的精神療法，人間学的心理療法，認知行動療法などの三大アプローチのほかに，実に多種多様なアプローチがある。なかには，前世療法，宇宙療法などという一見あやしげなものもある（石川，2005）。

　われわれ心理臨床家は，それぞれの治療的立場や態度を有して日々の臨床を行なっている。なかにはひとつの立場にのみ拠ってい

る者もいれば，複数の療法に通じている者，折衷派を称する者など，さまざまであろうが，ここでひとつ重要な問いを発したい。

「あなたは，なぜその療法・技法を用いて治療を行なうのですか？」

これにはいく通りかの答えがあると思われるが，それらをざっとまとめてみると，おおよそ以下のようになるのではないだろうか。

①その療法・技法が好きだから
②その療法・技法を学んできたから（その専門家であるから）
③所属施設（役所，病院，相談機関など）で求められるから
④その療法・技法に効果があるから

①～③は，どれを取っても，かなり無責任な理由であると言える。これではクライエントや一般社会に対する説明責任を果たすことはできないであろう。先ほどホメオパシーの例で述べたように，逆に自分がクライエントであると仮定して考えてみればよい。対価を支払って藁にもすがる思いで専門家の治療を受けているのに，その専門家が「効果のある／なし」ではなく，自分の好みや過去の学習体験，施設の方針などという，クライエントの症状や問題とは何の関係もない理由で治療の選択をしているとしたら，誰しも不安や憤りを感じるのではないだろうか。

それでは，④であればよいのだろうか。たしかに，これは合理的な理由である。効果があるからこの療法を選んで治療を行なっているというのなら，誰も文句はあるまい。しかし，再度ホメオパシーの例を見てみよう。ホメオパシーを処方する医師は，患者を悪化させようとしているのだろうか。おそらくそうではない。彼らは彼ら

なりに，レメディの「効果」を信じ，患者に良かれと思ってそうしているのだろう。

　ここで問題になるのは，「効果」の多義性である。思い込みの効果もあれば，厳密な研究に基づいて科学的に立証された効果もある。前者は患者や臨床家が抱く主観的な効果であり，後者はデータに裏づけられた客観的な効果である。

　一般に，どんな治療にも一見，ある程度の効果はある。Asay & Lambert (1999) によれば，心理療法の効果のうち，およそ 15% は「期待」による効果，すなわちプラセボ効果であるとされている（ただし，この数字は彼らの主観的な印象に基づくものであるため，参考程度にとどめるべきである）。言い換えれば，「鰯の頭も信心から」で，クライエントやセラピストが効果に期待を寄せていれば，何にでも一定の効果は現われるということである。これがさまざまな心理療法やあやしげな治療法が乱立する最大の理由である。

　しかし，言うまでもなく，これは「真の効果」ではない。プラセボ効果は，たしかに効果の重要な一部である。しかし，「真の効果」は，プラセボ効果を凌駕するものでなくてはならない。つまり，真の効果とは，プラセボ効果にその介入がもたらした独自の効果を加えたものである（図1.3）。したがって，その療法に真の効果があるかどうかを述べるときは，単なるクライエントやセラピストの印象や主観などに基づいてはならない。治療提供者は，自ら提供しようとしている治療にはプラセボ効果を凌駕する効果があるのかを，厳密な臨床研究（ランダム化比較試験）に基づいたデータとして示す必要がある。そして，それがエビデンスにほかならない。

　われわれがクライエントに心理療法を実施するとき，そのアプローチに「真の効果」があるのかを厳密に検討したうえで治療法の選択をするという当たり前のことが，残念ながらわが国の心理臨床

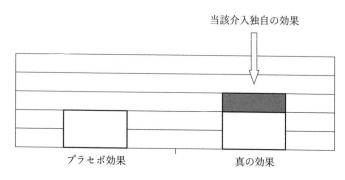

図 1.3　プラセボ効果と真の効果

ではまだ十分に行なわれていない。多くの場合，先に挙げた①〜③のような理由に基づく選択であったり，あるいは「見かけの効果（プラセボ効果のみ）」「漠然とした効果の認識」による選択だったりはしないだろうか。このような説明責任を欠いたあいまいな臨床判断から，より客観的で倫理的な臨床判断へとわれわれ自身の態度を変えることが，EBP の求めるところである。

3　効果とは何か

　ここでもう少し，効果とは何かについて踏み込んで考えてみたい。効果とは，一言で簡単に言えば，「差」のことである。解熱剤 A を飲んで，40 度の熱が 36 度まで下がったのなら，効果があったと言える。この 4 度の差が効果である。また，40 度の熱を 38 度までしか下げられなかった解熱剤 B があるとすれば，解熱剤 A のほうが解熱剤 B より効果が大きいと言える。このように，効果には大き

さがあり，それを客観的に数値化して比較することもできる。

　心理療法で言えば，うつ病のクライエントが心理療法を受けて，うつ病尺度のスコアが変化したのであれば，そのスコアの差が効果である。不登校の子どもがカウンセリングを受けて登校できるようになったとすれば，この行動の差も効果である。

　さらには，もっと形式的な効果もある。たとえば，治療AとBを比較してAのほうが治療からのドロップアウトが少なかったという場合，ドロップアウトは少ないことが望ましいため，その差も治療Aの効果ということになる。また，2つの治療の効果は同程度であるが，費用が異なっていたという場合，そのコストの差も重要な効果のひとつである（費用対効果）。

　このように，心理療法の効果の場合，体温や血圧の変化とは異なり，定義や測定が難しい場合が多い。したがって，セラピストは「クライエントにとって何が重要な効果であるか」，あるいは「臨床的に意義のある効果は何か」などを考慮して，治療の効果（アウトカム）を考慮する必要がある。

　ところで，先に「真の効果」はプラセボ効果に介入独自の効果を加えたものであると述べた。また，本当は効果のない介入に，一見効果があるように感じてしまうのは実際よくあることであるが，それはプラセボ効果によるところが大きいとも述べた。しかし，プラセボ効果だけではない。ほかにもさまざまな要因が加わって「見かけの効果」を生じさせていることが多い。

　クライエントの変化に対して一番大きな影響をもつのは，外的環境の変化である（Asay & Lambert, 1999）。対人関係が好転したり，景気が良くなったり，仕事に就くことができたりすると，治療とは関係なく症状が改善することはよくある。これら外的要因の変化によるクライエントの変化は，治療そのものによる効果ではないため

「見かけの効果」である。

これは換言すれば，時間経過に伴う変化ということであり，成熟，履歴，あるいは経時的変化と呼ばれる要因である。ほかの例として，子どもに対する心理療法の場合，長い時間をかけて治療を行ない，子どもの状態が良くなったとする（不登校だった子が学校に行きはじめたなど）。しかし，それは果たして治療の効果だろうか。治療を施さなくても，自然な成長の結果や心境の変化によって登校できたのではないだろうか。このような時間の経過に伴う自然な変化と介入による効果は，分けて考えるべきである（もちろん，治療が成長を促進したということもあるだろうが，ここで言う経時的変化とは，治療を受けても受けなくても生じていた自然な成長のことである）。

あるいは，その子どもが心理療法以外に，セラピストに内緒で精神科にも通院し，投薬を受けていたということもあるかもしれない。このような意図した介入以外の介入を**共介入**と呼ぶ。当然，共介入の効果は，心理療法の効果ではない。これもまた分けて考えなくてはならない。

また，**平均への回帰**という統計的現象も考慮する必要がある。われわれが測定する数値には誤差がつきものであり，その誤差によって数値が見かけ上の変動をすることがよくある。特に，ある1回の測定で目立って低い（あるいは高い）数値が出た場合，次の測定では低かった場合はいくぶん高く，高かった場合はいくぶん低くなることが通常である。つまり，誤差のせいで数値が平均値に少し近づくような形で変動するのである。このような現象を平均への回帰と呼ぶ。たとえば，数学の中間テストで，いつになくものすごく悪い得点を取ったとする。そして，その後頑張って勉強し，期末テストでは得点が上がったとする。それは勉強の効果かもしれないが，大

部分は平均への回帰で説明ができる。いつになくものすごく悪い点
を取ったということは，そこには通常とは違った誤差要因が含まれ
ているということであるから，その後のテストでは，大して勉強し
なくても，少しは点が上がるものである。このような自然な変化が，
平均への回帰と呼ばれる現象である。

　心理療法においても同じで，クライエントがセラピストのもとを
訪れるのは，たいていは状態が悪いときである。その後，何度かの
セッションを経て状態が良くなったとしても，それは治療の効果と
いうよりは，平均への回帰によるものかもしれないのである。

　このように，クライエントに何らかの変化が見られたとしても，
それはプラセボ効果，経時的変化，共介入，平均への回帰など，実
は当該心理療法とは関係のない要因の影響によって「見かけの効果」
が生じている場合が大変多い（図1.4）。そして，セラピストの主観
的な判断や臨床経験は，いつもこうした見かけの効果にだまされる
危険がある。このことをわれわれはきちんと理解しておく必要があ
る。言うなれば，自分の治療だけでクライエントが良くなったと考
えるのは，単純な思い上がりにすぎない場合が往々にしてあるとい
うことだ。

　EBPでは，これら治療とは直接関係のない「見かけの効果」と「真
の効果」を厳密に区別することが重要である。つまり，前者を排除
し，「真の効果」だけをとらえて，本当にその治療に効果があるの
かどうかを見きわめるのである。そのために力を発揮するのがラン
ダム化比較試験だが，その詳細は第4章で述べる。

4　EBPの定義

　さて，以上をまとめると，EBPとは介入に効果があるかどうかを

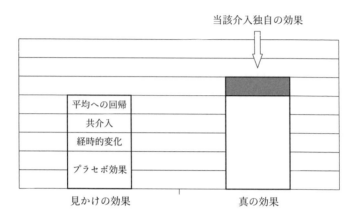

図 1.4 見かけの効果と真の効果

客観的に見きわめたうえで，治療法の選択をする臨床をいうのであり，しかもその「効果」は「見かけの効果」を排した「真の効果」でなければならないのである。

しかし，これではまだ本当のEBPの定義にはほど遠い。EBP(EBM)の最も代表的な定義は，Guyatt（1991）によるものである。GuyattはEBMの創始者とも言われている疫学者であるが，それは彼が1991年に発表した，その名も"Evidence-Based Medicine"というたった1ページの論文が，EBMという用語を初めて使ったものだからである。この記念碑的な論文から，彼の定義を引用する。

　臨床家にとって，エビデンスに基づく医療とは，文献検索の技能，批判的吟味力，情報統合力を要するものである。また，エビデンスを目の前の患者に適用可能かどうかを判断する能力や，もし直接的エビ

デンスが欠如しているときに決断をするにあたっての系統的アプローチも要求される。

　つまり，Guyatt によれば EBM とは，よく誤解されるように患者を無視して，ただ単にデータにのみ重きを置くような非人間的な医療ではない。目の前の患者のことを十分に考慮して，エビデンスが適用できるか否かを判断すべきであることを，彼ははっきりと述べている。さらに，エビデンスを用いる側に，さまざまな技量が要求されることも強調している。つまり，EBM とは単に概念的な臨床の態度や指針なのではなく，それを実践するには，臨床家側に相当な技能が必要とされるものである（本書では，EBP において必要とされるその技能についても解説していく）。
　次に，Sackett et al.（2000）は，Guyatt の定義をさらに一歩進めて，以下のように述べている。

　　Evidence-Based Medicine（EBM）とは，研究による最善のエビデンスと臨床的技能，および患者の価値観を統合するものである。

　これは現在のところ，最も一般的な EBM の定義である。つまり，EBM とは，①エビデンス，②患者の価値観，③臨床技能，という3つの要素を統合したものである（図 1.5）。
　ここで，これらの定義に含まれる EBM の3つの要素，エビデンス，患者の価値観，臨床技能のそれぞれについて，もう少し詳しく説明すると，以下のようになる。

①エビデンス──先行研究（論文の検索）から質の高いものを吟
　味し，それを統合して，ある介入には効果があるのかに関して

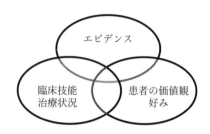

図 1.5　EBM の概念（津谷（2012）をもとに作成）

最新最善のエビデンスを得るということ。
②患者の価値観——得られたエビデンスを目の前の患者の症状，背景，価値観，好みなどと照らし合わせて，適切に応用すること。
③臨床技能——一人ひとりの患者の状態を把握したり，介入の利益とリスク，自分自身の臨床技術や経験を吟味したりする医療提供者側に求められる能力。

このように，実証的データであれば何でもエビデンスと呼べるのではなく，「最新最善」のデータをエビデンスと呼ぶ。そして，それを錦の御旗のように掲げるのではなく，患者一人ひとりの状況をよく吟味して，それに合わせて適切なエビデンスを適用し，臨床判断をしなければならない。さらに，こうした一連のステップ（たとえば，質の高いエビデンスを検索する，患者の価値観や好みを理解する，エビデンスのある治療を行なう）には，いずれも高い臨床技能が要求される。これが真の EBM の姿である。

これらの EBM の定義を引き継いで，アメリカ心理学会（American Psychological Association：APA）は，心理臨床における EBP について

以下のように定義している（American Psychological Association Presidential Task Force on Evidence-Based Practice, 2006）。

　心理学におけるエビデンスに基づく実践とは，患者の特性，文化，好みに照らし合わせて，活用できる最善の研究成果を臨床技能と統合することである。

ここでも，その1つひとつの要素についてまとめると，以下の通りとなる。

①エビデンス——内的妥当性および外的妥当性のバランスの取れた研究によるエビデンスのことであり，ランダム化比較試験が治療の効果を検証するためのより厳密な方法である。
②臨床技能——患者の特性や好みに応じて，研究によるエビデンスを見出し，臨床データと統合する能力のこと。これは，専門家と言えども誤謬はつきものであり，すべての人間は誤りを犯し，バイアスを有するという前提に立っている。
③患者の特性——現在の機能，変化へのレディネス，ソーシャルサポートのレベル，症状のバリエーション，年齢，発達段階やライフステージ，社会文化的要因，現在置かれた環境要因，ストレッサー，個人的嗜好，価値観などが含まれる。

　APAの定義では，エビデンスの質はそれが導き出された研究法の質に依存していること，そしてランダム化比較試験が最適な研究法であることがはっきりと述べられている。また，患者の特性に関しては，心理臨床特有のものを具体的に列挙して例示している。
　これら3つの要素のなかでも，臨床技能にはきわめて多種多様

のものが含まれているので，さらに詳細に引用すると，そこには主として以下の8つの要素が含まれている（American Psychological Association Presidential Task Force on Evidence-Based Practice, 2006）。

①アセスメント，臨床判断，ケースフォーミュレーションおよび治療計画を行なう能力
②臨床的意思決定，治療遂行，患者の変化をモニタリングする能力
③対人関係能力
④継続的な自己洞察とスキルの獲得をする能力
⑤基礎心理学および応用心理学の研究によるエビデンスを適切に吟味し，活用する能力
⑥治療における個人的，文化的差異の影響を見きわめる能力
⑦必要に応じて活用可能な資源を求める能力
⑧臨床的方略に対して説得力のある論拠を準備する能力

　これらの能力のうち，特に「⑤エビデンスを適切に吟味し，活用する能力」「⑧臨床的方略に対して説得力のある論拠を準備する能力」に関しては，これまでの心理臨床家の養成やトレーニングではあまりカバーされてこなかった領域であろう。
　アメリカの場合，心理臨床家の教育において，「科学者−臨床家モデル」（Scientist-practitioner model）が重視されている。これは，客観的な観察やデータを重視し，自らの思い込みや主観性を絶えず検証する態度（つまり，科学的態度）を有した臨床家という意味である（Luebbe et al., 2007）。さらに，自らも科学的研究を実践し，最新の研究知見に精通しておくことや，科学的研究を批判的に吟味する力を有していることも必要である。わが国においても，今後，このような臨床家を育成することの重要性がますます高まってくるで

あろうし，それは EBP においては必要不可欠な能力なのである。

　さて，これまで見てきたように，EBP は単なるデータ偏重の臨床などではないことがはっきりした。むしろ，患者やクライエントの置かれた状況や価値観などを丁寧に把握し，そのうえで個別にエビデンスを適用するような治療的協働関係を重視する臨床である。時に，「エビデンス至上主義」「エビデンス原理主義」のような医師もいて，エビデンスがないものはすべて排除すべき，患者の声や医師の裁量などは無用などという極端な態度を取る者がいるかもしれないが，それは本来の EBP とはかけ離れている。

　もうひとつ強調すべきことは，何よりもエビデンスは患者やクライエントのためにあるものだということである。患者がより良い治療を受け，治療から最大の益を得るために，これまでは医師が独占してきた臨床判断の拠りどころを患者にもわかりやすく提供し，共有するためにこそエビデンスが使われるべきなのである。

　ところで，わが国で EBM に批判的な人々は，患者の声に耳を傾け，その「語り」（narrative）を大事にすべきだとして，語りに基づく医療，ナラティブ・ベイスト・メディシン（Narrative-Based Medicine：NBM）を強調することが多い。しかし，これまで述べてきたように，真の意味での EBM は，その定義のなかに患者の語りの重視をすでに包含しており，NBM と対立するものではないことは明白である。実際のところ，わが国とは異なり，欧米の NBM 提唱者たちのほとんどは，実は熱心な EBM 実践者であり，彼らは NBM を EBM を否定するものではなく，補完するものと位置づけている（Kalitzkus & Matthiessen, 2009）。NBM の教科書には，「病の体験の物語や臨床能力の主観的側面を吟味することが，なにも臨床疫学（または EBM）の重要性を拒否することにはならない」「ランダム化臨床試験よりも個人の経験がより重要視されるべきであるなどという，エビデ

ンスの序列をひっくり返すようなことも必要はない」（Greenhalgh, 1998）とはっきりと述べられている。

NBM の具体的な動きとして，英国オクスフォード大学ではじめられた DIPEx（ディペックス），そしてそれをモデルに日本にも設立された NPO「健康と病の語りディペックス・ジャパン」（www.dipex-j.org）の活動がある。これは，実際の患者やその家族が，自分たちの経験を語り，それを同じような病気をもつ人々や医療関係者に伝えることを目的とした「語りのデータベース」である。これらも決して，EBM と対立する動きなどではない。

一方，EBM へのアンチテーゼとして NBM に偏重しすぎることは，社会構成主義，いわゆるポストモダンの立場をいたずらに推し進め，客観的観察，普遍的真理という正統派科学の立場を否定し，反科学，極端な主観主義・相対主義へと行き着く危険性をはらんでいる（Brown, 2001；Lilienfeld, 2010）。つまり，この立場に極端に偏重すれば，医学や心理学は科学ではないという極論にまで到達してしまう。医学が科学ではないとする立場の人はもはや異端であるかもしれないが，臨床心理学においては，それが科学かどうか，科学であるべきか否かは，いまだ論争の的である。これは重要な問題であるため，第 2 章で再び論じたい。

5 エビデンスの質

EBM の定義において，重ねて強調すべき点は，活用すべきエビデンスは，何でもよいというわけではないということである。Sackett et al.（2000）の定義にもあったように，EBM においては，最新最善のエビデンスを用いなければならない。データさえ用いていれば何でもエビデンスになるわけではなく，実はエビデンスには厳

第1章 エビデンスとは何か 37

表1.1 エビデンスのヒエラルキー

レベル	エビデンス源（研究デザイン）
1	RCT の系統的レビュー（メタアナリシス）
2	個々の RCT
3	準実験
4	観察研究（コホート研究，ケース・コントロール研究）
5	事例集積研究
6	専門家の意見（研究データの批判的吟味を欠いたもの）

然とした「質のランク」が存在する。現在，さまざまな研究機関が
こぞってエビデンスの質の基準を発表しているが，その内容はほと
んど同一であり，簡単にまとめると表1.1のようになる。

　この基準では，エビデンスのランクは6段階あり，最も質の高い
ものから順に，①RCT の系統的レビューの知見，②個々の RCT の
知見，③準実験の知見，④観察研究の知見，⑤事例集積研究の知見，
⑥専門家の意見，となる。そして，EBM でエビデンスと言うときは，
通常は①または②を指す。

専門家の意見

　この基準によれば，最も質の低いエビデンスは，専門家の意見で
あるとされるが，もう少し付言すると，明確なデータやデータの批
判的吟味を欠いた単なる意見，あるいは経験のみに基づいた主観的
な意見ということである。たとえば，「私の長年の臨床経験からす
ると，この治療にはとても効果がある」などといった意見のことを
いう。たしかに臨床経験は重要かもしれないが，逆にそれが目を曇
らせることは往々にしてある。自分がその治療法に思い入れがある
あまり，客観的なデータを無視したり，建設的な批判に耳を貸さな

くなってしまったりして，事実とはかけ離れた信念を抱いてしまうことがあるからだ。

　人間の思考の癖として，**確証バイアス**というものがある。これは，自分がすでに有している信念を補強するデータだけを意識的あるいは無意識的に選り好みする傾向のことである（池内，2008）。このほかにも，**記憶バイアス**（記憶が都合のよいようにゆがんでしまう），**関連性の錯誤**（ある目立ったことが2つ前後して生じると，それらに誤った因果関係を想定してしまう）など，実にさまざまな脅威によって，われわれの思考はいとも簡単にゆがめられてしまう。これはどれだけその道の権威であっても，いかに高名な専門家であっても同じことである。

　たとえば，以前『病気にならない生き方』という本がベストセラーになった（新谷，2005）。著者は，内視鏡による大腸ポリープ切除術に世界で初めて成功した世界的権威の医師だそうだが，彼はその著書のなかで，乳製品を摂取すると「腸相」が悪くなるということを強調している。これは，長年にわたって何人もの患者の腸を内視鏡で診てきた臨床経験の結果だという。そして，腸相を良くするためには，コーヒー浣腸に効果があると主張し，本人も実践しているらしい。これも長年の臨床経験や本人自身の体験が根拠になっている。

　しかし，これらは厳格な研究によるデータに基づく意見ではなく，いくら世界的権威（？）の言とはいえ，「ただの意見」であるため，さまざまなバイアスの影響を受けている危険性が大きい。たとえば，関連性の錯誤について検討してみよう。仮に「乳製品を多く摂取する人の腸相が悪い」ことが事実だったとしても，それは「乳製品の摂取」「腸相の悪さ」の2つにのみ恣意的に着目して，因果関係を決めつけているという可能性が高い。乳製品を多く摂取する人は，もしかすると西洋的な食事を好む傾向にあり，肉の摂取量が多かっ

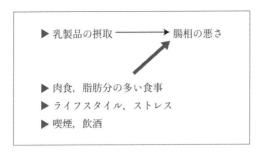

図 1.6 関連性の錯誤——乳製品が「真犯人」か？

たり，脂っこい食事が多かったりするかもしれず，実はこちらのほうが「真犯人」なのかもしれない（図 1.6）。

こうしたさまざまな可能性を無視して，自分が「犯人」だと思った要因にだけ着目して因果関係を導き出そうとすることは，臨床家が陥りやすい陥穽の最たるもののひとつである。先に述べた「見かけの効果」についても同じことが言える。「自分の行なった治療」と「クライエントの改善」との間には，実際のところ因果関係がないかもしれないのに，この2つにのみ着目して，治療のおかげでクライエントが良くなったと決めつけることは，上の例と同様の誤りかもしれないのである（図 1.7）。

さて実際のところ，科学的な研究において，乳製品と「腸相」なるものとの関係を検討したものはないし，むしろヨーグルトなどの発酵乳製品は，ヘリコバクター・ピロリ菌の除菌に有効であるなどのエビデンスがある（たとえば，Sachdeva et al., 2014）。またコーヒー浣腸にいたっては，逆に腸を荒らしてしまうなど明らかな害があるというエビデンスがあるため，安易に実践するべきではない（Mishori et al., 2011）。

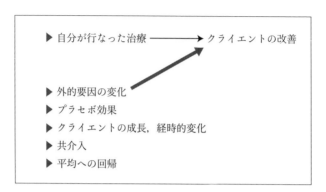

図 1.7　自分の治療によってクライエントは良くなったのか？

事例研究

　次にレベル⑤の事例集積研究であるが，これもエビデンスとしては非常に貧弱である。いくつかの事例を集めて，それによって何らかの治療法に効果があることを示そうとしても，それはきわめて質の低いエビデンスでしかない。重要な点は，事例をいくら集めたところで，それはデータではないということである。事例とデータは根本的に違う。このことはいくら強調しても強調しすぎることはない。データとは，系統的にバイアスを排除できるようにデザインされた研究から得られたものをいう。一方，事例はこうした手続きを欠くため，数多くのバイアスが紛れ込んでいる。

　事例研究をはじめとする質的研究は，もちろん研究によっては臨床上の貴重な知見を提供する。しかし，その知見を一般化することが困難で，その事例には当てはまったとしても，それを他の多くの人々に当てはめるのは危険である。換言すれば，ある治療が1つま

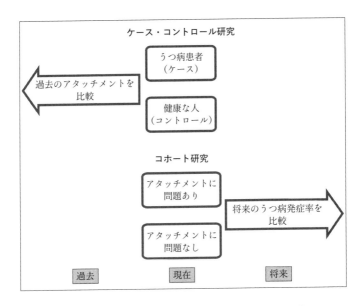

図 1.8　ケース・コントロール研究とコホート研究

たは少数の事例に効果があったという「証拠」をもって，その治療の効果を支持するエビデンスとしてはならないということである。事例研究の問題点についての詳細は，第 4 章で述べたい。

観察研究

ケース・コントロール研究（症例対照研究）とコホート研究を総称して，観察研究と呼ぶ（図 1.8）。これらの研究法の詳細は，第 4 章で解説するため，ここでは簡単にその概説だけにとどめるが，臨床研究が実際に研究参加者に対して何らかの介入をして，その結果を検討するのとは対照的に，観察研究では，研究者は研究参加者に

は実質的に何の介入も行なわない。その代わりに，すでに行なわれた介入や何らかの要因の影響を観察する。

たとえば，現在うつ病に罹患している人と健康な人の群を比較し，過去に遡って親子関係の特徴を検討するような後ろ向き研究を**ケース・コントロール研究**と呼ぶ。つまり，この例では，過去の親子関係という要因が，現在のうつ病に影響しているではないかという仮説の下に，うつ病患者とうつ病でない人の比較をする。うつ病患者群をケース（症例群），健康な人の群をコントロール（対照群）と呼び，この両者を比較対照する。

逆に，現在の親子関係の特徴に着目し，たとえばアタッチメントに問題のある群とない群に分けて，将来にわたってフォローアップし，うつ病を発症するか否かを比較するような前向き研究を**コホート研究**と呼ぶ（実際は，前向きケース・コントロール研究や後ろ向きコホート研究もある）。

これらの観察研究は，時に重要なエビデンスを提供する。たとえば，タバコの害に関するエビデンスはほとんどが観察研究によるものである（Doll & Hill, 1950）。なぜならば，実際に研究参加者にタバコを吸わせてその害を検討するという臨床研究が倫理的に許されないため，喫煙者と非喫煙者をフォローアップして肺がんの罹患率を比較するなどのコホート研究，あるいは肺がん患者と健康な人の過去の喫煙歴を比較するようなケース・コントロール研究に頼らざるをえないからである。タバコの害に関する研究のように，大きなサンプルを用いて厳密な方法によって実施された観察研究は，貴重なエビデンスとなる場合もあるが，一般的にはエビデンスのランクとしては低い。なぜなら，これらの研究デザインでも，関連性の錯誤や平均への回帰などのバイアスを排除することができないからである。

準実験

　観察研究とは違って，実際に研究参加者に何らかの介入を行なっ
てその変化を測定するような研究を，臨床研究または介入研究と呼
ぶ。臨床研究の筆頭は，次に説明するランダム化比較試験であるが，
ランダム化した対照群を有しない臨床研究をまとめて準実験と呼ぶ。
参加者の一群に介入を行なって，その前後の状態を比較するような
前後比較研究はその代表的なものである（図1.9）。また，ある新し
い介入法の効果を検証する際に，参加者の希望によって2群に分け，
希望した群にはその介入を行ない，希望しなかった群には通常治療
を行なうような場合は，2群の比較をしてはいるが，ランダムに分
けた群ではないため，これも準実験にあたる。その2群は何らかの
点で異なった参加者によって構成されていると考えられるため（た
とえば，新しい介入を受けることへのモチベーションの高さ），こ
のような実験を不等価2群比較デザインと呼ぶ（図1.10）。
　準実験は，わが国の臨床心理学研究ではよく用いられる研究デザ
インであるが，これまで解説した研究デザインと同様に，さまざま
なバイアスを排除できないため，エビデンスのランクはまだ低い。
その詳細や問題点については第4章で説明する。

ランダム化比較試験（RCT）

　単一の研究デザインのなかで最も質の高いエビデンスを提供
するのが，ランダム化比較試験（RCT）である。RCTは臨床研
究の黄金律であり，最も頑健な研究デザインである（Torgerson &
Torgerson, 2008）。
　RCTの基本的枠組みは非常にシンプルである。研究参加者をラ
ンダムに2群に割り付け，一方に評価対象の介入を行ない，他方に

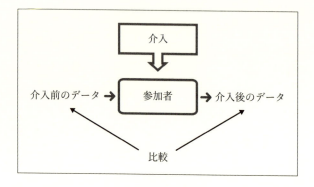

図 1.9　前後比較研究

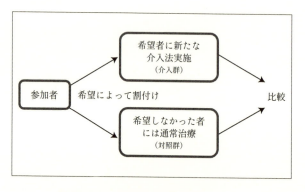

図 1.10　不等価 2 群比較デザイン

第 1 章 エビデンスとは何か 45

は何もしないか，別の比較対照とする介入を行なう。こうして，両群の変化（アウトカム）を比較する。そこでもし有意な差があったならば，それは介入の結果であると，かなり高い確信をもって結論することができる（図 1.2, p.21）。

欧米の臨床心理学研究においては，RCT はかなり頻繁に実施されているが，残念ながらわが国においてはほとんど皆無であると言ってよい。しかし，RCT は EBP の屋台骨であると言っても過言ではないくらい大変重要な研究法であり，今後のわが国の臨床心理学の発展のためには，欠くことのできない研究法である。

RCT はシンプルな方法ではあるが，実施するためにはある程度の専門的な知識やテクニックが必要となる。その詳細は第 5 章で述べる。

RCT の系統的レビュー

RCT はたしかに質の高いエビデンスを提供するが，たった 1 つや少数の RCT の結果をもってエビデンスとするのは危険である。その研究対象となった参加者が偏っているかもしれないし，研究結果に何らかの誤差やバイアスが混入しているかもしれない。したがって，エビデンスをもっと補強するためには，さまざまな研究者によって実施された複数の RCT の知見を持ち寄って，それを統合すればよい。

このように，あらかじめ定められた手続きによって既存の研究をまとめあげて，新たな知見を提供する研究を系統的レビュー（systematic review）と呼ぶ。また，レビューの対象となる個々の研究を一次研究と呼び，それを統合するための統計的手法をメタアナリシス（meta-analysis）と呼ぶ（図 1.11）。系統的レビューの対象となる一次研究は RCT に限定されるわけではないが，質の高い系

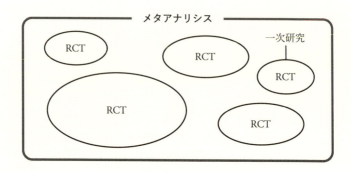

図 1.11 RCT の系統的レビュー

統的レビューを行なうためには、そこに含まれる一次研究も質の高いものである必要があることは当然である。したがって、対象とする研究を RCT に限定した RCT の系統的レビューによって得られた知見が、現在のところ最も質の高いエビデンスであるとされている。系統的レビューとメタアナリシスについての詳細は、第6章で述べる。

研究法の詳細については、第4章から第6章で解説するため、ここではこれくらいにとどめるが、重要な点は、・エ・ビ・デ・ン・ス・の・質・は・研・究・法・に・依・存・するということである。そして、研究法の質は、どれだけそこから系統的にバイアスが排除されているかによって決められる（表1.1, p.37）。

定義としてすでに述べた通り、EBP で用いるエビデンスは、その時点で入手できる最も質の高いものとしなければならない。したがって、本章の冒頭で述べたように、EBP におけるエビデンスは、

通常は個々の RCT や RCT の系統的レビューによって得られた知見に限定するべきである。

第2章

エビデンス・ベイストに対する批判

　わが国の心理臨床の現場において，EBP が広まりを見せる一方で，まだその意味するところが十分理解されず，言葉だけが一人歩きをしているように感じる場面に出くわすことが多い。また，EBP やエビデンスに対するあからさまな反感や感情的な批判に遭遇することも少なくない。これは臨床場面のみならず，学会や大学などの研究場面においてですら同様である。

　しかし，そうした反感や批判を冷静に分析してみると，EBP に関する初歩的な誤解に基づいているものがほとんどであることに気づく。ここでは，こうした批判や論争の主な例を 8 つ紹介しながら，EBP についての誤解を解くとともに，EBP への理解をさらに深めていきたい。

1 「エビデンスで人の心はわからない」

　これは最もよく聞く批判であり，かつ最大の誤解であると言える。こうした意見をもつ者は，「医学や自然科学の分野であればまだしも，複雑で微妙な人間の心は，統計やエビデンスではわからない」と力説する（心理学が科学であるかどうかは，次項で検討する）。

　これまでの説明で理解していただけたと思うが，EBP は何も数字や統計で人の心を理解しようとするものではない。エビデンスとは単に，「その介入には効果があるのか」というシンプルな問いに答えようとするものにすぎない。そして，研究によって明らかになっ

た効果のある治療法を臨床で用いようとするのがEBPである。た
とえ前世療法やホメオパシーのような荒唐無稽に見える治療法で
あっても、効果があって害がなく、費用対効果が高ければそれで
よい（ただし実際には、これらの治療にエビデンスはない）。逆に、
どれほど長い間用いられてきた一般的な治療法であっても、あるい
は有名な権威者が推奨する治療法であっても、エビデンスがないの
であれば、それを適用することには慎重でなければならないし、仮
に適用する場合はなぜあえてそれを選択するのか明確な説明責任が
求められる。

　荒唐無稽だから話にならないと門前払いをするのでなく、また権
威のある方法だからと無条件に受け入れるのでもなく、科学的な開
かれた態度をもち、「効果があるかどうか」という重要な問いに基
づいて検証し、その結果真に効果のあった治療をクライエントの状
況に合わせた形で提供しようとするのがEBPである。この態度と「人
の心がわかる／わからない」という命題とは何の関係もない。

　そして、それは医療の現場であろうが、教育の現場であろうが、
あるいは政治の現場であろうが同じである。医療現場であれば、効
果のある治療をする。教育現場ならば、教育効果の上がる教育をす
る。そして政治の場面ならば、社会に役立つ政策を実施する。これ
がEBPであって、エビデンスで人体の謎を解く、エビデンスで子
どもの心を理解する、エビデンスで社会の仕組みを読み解く、など
というものではない。

　さらに言えば、人の心はそれを例外視できるほど複雑で微妙なも
のだろうか。人の身体も宇宙の謎も同じように、あるいはそれ以上
に複雑で微妙なものである。医学や天文学は、科学的なアプローチ
を躊躇なく採用し、科学的データを重視しているのに、臨床心理学
だけが「人の心は複雑だ」という理由を盾にして、データや統計を

忌み嫌うというのは何とも奇妙なことだとしか言いようがない。

2 「臨床心理学は科学ではない」

　上に挙げた批判とも似ているが，これはより広く科学全般に対する不信に基づく批判である。心理学が科学ではないととらえる傾向は，基礎系の心理学ではほとんど見られないであろうが，わが国の臨床心理学では非常に多く見られる特徴である。これは，「人間の心を本当に理解するためには，科学の枠組みを超えた方法が適している」という信念に基づいている。つまり，心理学は科学であるという認識に立って，客観性や測定を重んじる立場がある一方で，何もかも客観的に測定して数値化していたのでは，人間の「こころ」の豊かさを十分に汲み取ることができないと批判する立場がある。後者の立場を採る者は，しばしば統計的手法を「レベルが低い」と揶揄するきらいも見られる。そして，夢やイメージなど言語やデータを「超えた」ものに重きを置く。

　このような対立は，科学哲学者 Brown によって紹介された「文系知識人」と「理系知識人」の論争を思い起こさせる。「文系知識人」の論客 Yudkin は，科学を批判して次のように述べている（ここで言う「文系」「理系」とは，科学的態度を有するか否かというような意味であり，経済学者なら文系，医師なら理系という単純な区別ではない）。

　　ディケンズを読んだり，モーツァルトを聴いたり，ティツィアーノを見たりすることは，それ自体として報われる活動となりうるが，加速という言葉の意味を理解することは，それ自体としては価値のない，事実に立脚する一片の情報を得ることでしかない。

これに対し，Brown（2001）は，こう反論している。

　これは驚くべき主張だ。加速という科学上の概念は，たいへんな苦労の末にようやく手にいれたものである。この概念をつかみとるためには，「速度」と「速度の変化」との決定的な違いに気づかなければならない。そして，「力」というものを理解しなければならない。変化と，微分・積分という数学上の概念との関係にも気づく必要がある。それをみごとになしとげたのが，ニュートンとライプニッツだった。

　Yudkin の科学批判は，およそ半世紀前のものであるが，あたかもそのコピーのような古臭い批判が，今なおわが国の臨床心理学において繰り返されている。統計的手法は断じて低いレベルのものなどではない。そこには，ランダム性における期待値の理論を発展させたパスカル，微積分の基礎を築いたベルヌーイ，確率分布関数の基礎を確立したピアソンなど，数々の偉大な数学者の業績がある（Mlodinow, 2008）。

　私はディケンズもモーツァルトも大好きだが（ティツィアーノはあまり好きではない），それと同じように，ビッグバン理論を導き出したフリードマンやガモフ，アインシュタインなどの物語や，フェルマーの最終定理に挑んだオイラーやクンマーなどの数学者の物語にわくわくと胸を躍らせ，同時に深い感動を覚える。それは，ディケンズやモーツァルトによって与えられる感動に勝るとも劣らないもので，Dawkins（1999）が言うように，「科学がもたらす自然への畏敬の気持ちは，人間が感得しうる至福の経験のひとつであるといってもよい。それは美的な情熱の一形態であり，音楽や詩が我々にもたらすことのできる美と比肩しうるものである」からだ。

　これらの偉大な科学者の功績によって，われわれの知の財産は積

み重ねられてきた。メンタルヘルスの領域では，前科学的な時代，精神疾患は「悪魔憑き」だとされ，精神障害者は座敷牢に幽閉されたり，火あぶりにされたりという歴史があった。それが医学の発展によって疾患だと解明され，治療法が見出されてきた。これはほんの一例にすぎないが，われわれが現在の繁栄を享受できているのは，科学の恩恵によるところが大きいことは今さら言うまでもない。

　科学が重要であるのは，何よりも人間の思考には系統的な間違いが多いからだ。われわれの直観や自然的な思考には，確証バイアス，記憶バイアス，関連性の錯誤など多種多様の罠が潜んでいることはすでに述べた。科学的思考とは，このような自動的で自然な思考の誤りを少しでも克服するための多くの作為的な努力や統制を伴う思考スタイルである。Lilienfeld（2010）は，そのため科学的思考の結果は，往々にしてわれわれの常識（common sense）とは異なる"uncommon sense"となることが多いと述べる。これは，何も科学的思考がへそ曲がりなのではなく，われわれの自然的思考がいかに多くの間違いを犯すかということの証左である。

　一例を挙げると，われわれは小さいときから暗がりで本を読むと目を悪くすると教わってきたし，それはわれわれの直観に照らしても正しいことのように思える。しかし，科学的研究の積み重ねによって，それは真実ではないことがわかってきた。暗がりで読書をしても，視力が損なわれることはない（Vreeman & Carroll, 2007）。同様に，多くの人は健康のために，ビタミンEやβカロテンなどのサプリメントを摂取している。しかし，最近のエビデンスによると，これらの油溶性サプリメントを多量摂取した場合，死亡率がわずかに高まるということがわかってきた（Bjelakovic et al., 2007）。心理学の世界でも，オオカミに育てられた少女やサブリミナル効果など「教科書的な」知識は，その後の研究の積み重ねにより，誤りであるこ

とが明らかになっている（鈴木, 2008）。

　科学は、「人間は間違うものである」という謙虚な前提に立ち、その間違いをできる限り排除するために、さまざまな工夫を凝らして、事実に近づこうとする営みである。そこには、自然（人間も含めて）に対する畏敬の念が込められており、科学者たちの壮絶な努力の積み重ねがある。そのような努力を経てはじめて、われわれは「真実」に少しだけ近づくことができる。

　これらのことから言える結論は、臨床心理学が科学であるかないかに議論の余地はなく、臨床心理学は科学でなければならないということである。

　一方、科学に頼らず、自らの主観や独断で人の心を理解しようというアプローチは、人間の能力を過信したきわめて傲慢かつ危険な態度である。それはまた、星占いで宇宙の謎に迫ろうとするのと同じくらい愚かなことである。さらに、科学への反発から科学を「レベルが低い」「薄っぺらい」などと軽率に批判することは、自らの科学への無知をさらけ出すことでしかない。科学の方法がいかに奥深く、思慮に満ちたものであるかをこと細かく解説することは本書の範囲を超えているが、心理臨床で多用される単純な「解釈」や「主観的観察」といった方法が及びもつかないものであることは間違いない。

　とはいえ、科学で人の心はわからないという意見には、私も大いに賛成する。もちろん科学は万能ではないし、人の心だけではなく、人の身体も宇宙の謎もわからないことだらけである。しかし、そうは言っても、かつてアインシュタインが言ったように、現在のところわれわれ人間が用いる理解の道具として、科学は一番ましな道具である。そしてそれゆえに、一番貴重な道具であることに間違いはない。科学は完全ではないが、そのことが、それより劣る手段（直

観や主観的観察など）を用いることの根拠にはならないのは明白である。

Brown（2001）も，科学という手段について，以下のように述べている。

　科学の目的は，この宇宙を正しく記述することである。[…] ものごとのありようを知るための道具やテクニックには，さまざまなものがある（観測，論理，統計的推論など）[…] これらの方法を使っても間違いは起こるし，道に迷うこともあるだろう。それでも科学は驚くべき進展をとげてきた。これらを，自然にかんする知識を得るためにはもっとも頼りになる方法と考えて，今後も使いつづけるのが（そしてさらに磨きあげるのが）合理的である。

わが国の心理臨床では，象徴やイメージを用いた方法が頻繁に用いられる。これらがもつ力やその内容の豊かさを私も否定しない。そして，科学的方法を補助するものとして，それらの材料を用いることによって，人間理解が深まることもあるだろう。しかし，科学的アプローチを排して，こうした方法のみに頼る場合，主観的な解釈によって，理解がゆがめられる危険のほうがはるかに大きいことを十分に承知すべきである。これは初学者であっても経験を積んだ専門家であっても同じである。

3 「エビデンスによって特定のアプローチや介入を批判するべきではない」

「○○にはエビデンスがない」などと学会や臨床の場で発言すると，上のような反論に出くわすことが往々にしてある。同じ批判で

も科学的エビデンスに基づいた合理的かつ健全な批判と，根拠のない批判や感情的批判とは区別されるべきで，学問の進歩において，健全な批判は欠かすことのできないものである（原田・津谷, 2012）。健全な批判を封じていれば，危険な教条主義に陥ってしまう。わが国の臨床心理学は，ともすれば家元制度よろしく，特定の権威者の言葉をありがたがり，そこに客観的なデータやエビデンスを求めないどころか，神聖不可侵なものとして崇めてしまうような傾向が見られがちである。Brown（2001）は，「忠誠は，宗教においては徳である。しかし科学においては罪なのだ」と述べているが，まさにその通りである。科学的態度は「疑うこと」から始まるのに対し，それをしないで盲信する態度は宗教よりカルトに近い。

　どんな権威者の言であれ，どれほど人気のあるアプローチであれ，あるいはいかに長く用いられてきた技法であれ，効果を支持するエビデンスがないのであれば，それは批判されて然るべきである。そして，批判されたアプローチを信奉する人々は，批判に対して，感情的な反発をしたり，それを封じようとしたりするのではなく，厳密な研究に基づいて反論するか，あっさりとその技法を放棄するべきである。心理療法はセラピストのためでなく，クライアントのためにあるものだからだ。

　Singh & Ernst（2009）は，未熟児網膜症の治療に画期的なエビデンスを提供した医師である Silverman の業績と，それに対する当時の医師らの感情的な大反発のエピソードを紹介している。1950年代，未熟児に対しては酸素投与をすることが通常のケアであったが，Silverman は酸素を投与すると未熟児網膜症を発症するリスクが高まってしまうことを RCT によって見出した（Silverman, 1977）。そして，副腎皮質ホルモンを投与すると視力が回復することがわかった。しかし，これらの方法は当時の新生児臨床の常識とはかけ離れ

たものであったため，以下のような大反発を招いたのである。

　　私〔引用者注：Silverman〕は数量的なアプローチを心から支持していた。まもなく私たちは，仲間の医師たちの「私の経験では」という主観的な論拠を攻撃したせいで嫌われ者になってしまった。やがてわかりはじめたのは，検証されてもいない治療法の有効性を疑問視されて腹を立てるような無責任な医師は，数量的アプローチを蛇蝎のように嫌うということだった。
　　　　　　　　　　　　　　　　　　　　　　（Singh & Ernst, 2009）

　本書においても，随所でエビデンスを示しながら「根拠のない心理療法」についての健全な批判するつもりであるし，それは EBP においては避けて通れない重要な局面である。その際の反発は容易に想像できるし，「嫌われ者になってしまう」こともあるだろう。しかし，EBP の神髄は，健全な批判にあると言っても過言ではない。頑健な研究の結果，伝統的な臨床的アプローチを支持するエビデンスが得られなかったり，仮説が支持されなかったりすることはよくある。その際にわれわれの取るべき態度は，データや数量的アプローチを嫌悪することではなく，「思っていたのとは反対の結果が出たとしても，その結果を退けたいという衝動を抑える」（Torgerson & Torgerson, 2008）という謙虚な態度ではないだろうか。
　また，「エビデンスがない」ことと「効果がない」ことは，多くの場合，同義ではない。事実，心理療法のなかにはきちんとした評価研究をしてこなかったために，効果はあるのかもしれないが，エビデンスが欠如しているというものもある。その場合，「エビデンスなどくだらない」と感情的な批判に終始していては，何の進歩もない。自ら用いているアプローチにどれだけ効果があるのか，エビデンスがあるのかについての第一義的な「立証責任」は，そのアプ

ローチを支持している立場のほうにある（Lilienfeld et al., 2013）。これが科学の約束事である。したがって、「エビデンスがない」という批判に真摯に答えるには、頑健な研究によって自らエビデンスなり反証なりを示すしかない。反証を示すことができないのであれば、それは科学哲学者 Popper の言う通り疑似科学である。

4 「エビデンスは統計的多数者を重視し、少数者を切り捨てるものではないか」

「統計の世界は平均的な患者、多数派しか相手にしない。1% の人に効く療法があっても、それは効かないとして切り捨てられる」というような意見もまたよく耳にする。しかし、この批判もまた的外れである。科学が統計に頼るのは、人間や社会の現象に不可避の誤差や偶然はランダムな性格を有しており、それに対処するには確率を用いるのが最善の方法だからである（Mlodinow, 2008）。

たとえば、どのように効果のある治療であっても、普通は 100% ということはない（逆に「何にでも 100% 効きます」というのは、疑似科学の常套句である）。残念ながらこの世に万能薬というものはないし、同じ薬を飲んでも、効く人もいれば効かない人もいる。あるいは一度効いても、別のときには効かないこともある。ここに個人間の誤差や個人内の誤差がある。したがって、「この治療は 90% の人に効果がある」という言い方しかできなくても、それは事象を正確に説明しているのであり、何も 90% の人に効果があるのだからこの治療しか認めない、10% の人は切り捨てるというわけではない。

ただ、100% の効果が認められないのが現実ならば、治療選択の優先順位として、効果の大きさとその分散、さらには費用を比較考

量して，最も可能性の高いものを選ぶのは，きわめて合理的かつ倫理的な態度である。そして，もしその方法がそのクライエントに合わなかった場合は，次善の方法を選ぶようにすればよい。逆に，統計に拠らないで，直観，経験，好みなどに拠って治療法を選ぶ態度こそ，クライエント個人を無視したきわめて非倫理的で独善的な臨床判断である。あえてエビデンスのない治療や，効果が小さい治療を選択した場合，セラピストはクライエントに何と説明するのだろうか。「私の好みです」で通るはずがない。

さらに，EBP は「A にはエビデンスがあるから OK，B にはないからダメ」というように，エビデンス至上主義でもなければ，個人間の差を無視して誰にでも金太郎飴のような治療を提供しようというものでもない。先述の通り，EBP はエビデンスのある治療をクライエントの特徴，背景，好みなどを考慮して個別に適用するものである。たとえば，うつ病に対して認知行動療法は最もエビデンスのある治療法であるが（Chambless & Ollendick, 2001；Elkin et al., 1989；Shinohara et al., 2013），自殺の危機が切迫している場合や，学習能力に問題がある場合，あるいは本人が認知行動療法を嫌悪しているような場合などは，それを用いるべきではないだろう。

また，後述するメタアナリシスによってエビデンスを産出する際には，サブグループ解析といって，研究参加者をその属性によって小グループに分け，たとえば男女では効果に差があるか，症状の重い者と軽い者では差があるか，併存疾患がある場合とない場合では差があるかなどの比較を行なうのが常である（Torgerson & Torgerson, 2008）。先の例で言えば，自殺危機が切迫している患者に適した治療や，学習能力に問題がある患者にはどのような治療が適しているかというエビデンスも提示できる。

また，同じ治療についても，個人療法と集団療法では効果に差が

あるか，治療期間が短い場合と長い場合ではどうかなどの比較も行なうことができる。つまり，クライエントと治療法のマッチングが考慮される。したがって，エビデンスを適切に用いれば，「この場合に最優先される治療はAであるが，効果が見られない場合はBの治療が次善の選択肢となる」「この治療法は症状が比較的軽いクライエントには十分な効果があるが，重いクライエントには別の治療法のほうが適している」といったきめ細かな臨床判断が可能になる。むしろ，EBPを軽視しがちな臨床家ほど，どんなクライエントに対しても画一的な治療を提供する傾向がある。

とはいえ，たしかにEBPには「集団としての可能性を個人に適用しようとするもの」（Lilienfeld et al., 2013）という側面がある。エビデンスとは帰納的，法則定立的なものであり，一方臨床とは一人ひとりのクライエントに対する個別具体的な行為である。しかし，その両者は決して矛盾するものではない。一人ひとりユニークな個人に提供する治療法をどのように選択するのかという命題，これがEBPの中核だからである。すなわち，セラピストの個人的経験や主観，好みに頼るのではなく，大多数の人に当てはまる可能性の大きいデータや目の前のクライエント（セラピストではない）の好みや背景を考慮するのがEBPの本質である。

5 「EBPは治療の画一化を招くのではないか」

これは，前項で挙げた批判にも通じるところがある。つまり，統計的に効果があるとされた治療法のみを賛美し，それを機械的に患者に適用していれば，治療は自ずから画一化され，セラピストの個性や裁量が排除されていくのではないかという危惧からの批判である。

しかし，治療の画一化は，まさに EBP が排斥しようとしているものにほかならない（古川，2000）。エビデンスを機械的に患者に当てはめて押し付けるのではなく，EBP では治療の選択において，患者個々人の背景や好みが重視されるからである。EBP における臨床判断は，"increasing, not dictating choice"（Dickersin et al., 2007）と言われる。「治療の選択を強制するのではなく増やす」という意味だ。むしろ，かつての臨床は専門家が「これで行く」と言えば，それによって治療の選択が強制されていた。EBP はそのような権威主義的，主観的臨床判断を排除し，科学的エビデンスと患者の背景に基づいて，臨床判断の幅を広げようとするものにほかならない。

一方，治療におけるセラピストの裁量については，限定される局面がある。たとえば，アメリカ心理学会が提唱している「実証的に支持された治療」（第 7 章参照）では，マニュアルに基づいて実施される治療が推奨される。これに対しては，心理療法には「アート」の側面があり，マニュアルで縛られたのでは機械的で非人間的な治療となってしまうという批判が当然のごとく予想される。この問題には第 7 章で再びふれるが，「カリスマ臨床家」ならともかく，一般の臨床家にとってまず重要なことは，「アート」を発揮するよりも，治療をその本来の効果が発揮できるように忠実に実行することである。これを治療の忠実性（fidelity）と呼ぶ。そして，その枠組みを示すのがマニュアルである。とはいえ，マニュアルはセラピストのすべてを縛り付けるものではなく，その枠内であれば，セラピストの裁量やアートを活かすこともできる。ただし，アートの恣意的な「乱用」は退けられる。

EBP において重要なセラピストの裁量は，最善のエビデンスを患者の背景に応じて適用する臨床技能という意味での「裁量」であり，決して恣意的に治療法を選択したり，アレンジしたりするという「裁

量」ではない。

6 「ランダム化比較試験は非倫理的ではないか」

RCT はランダムに分けた対照群の人々に治療を行なわない，あるいはあえて古い治療を行なうため非倫理的だという批判がある。たとえば，ある心理学研究法の教科書では，2 つの教育法の比較をするとき，効果が劣るかもしれないほうの教育法に子どもを割り付けるのは倫理的な問題があるため，できれば望ましい教育法にだけすべての子どもを割り付けてフォローアップ研究をしたほうが望ましいと書かれている（古澤ほか，2000）。

しかし，RCT を行なうのは，そもそも効果がわからないからであり，その時点では，対象となる介入には効果があるかもしれないが，害もあるかもしれない。そのような介入にすべての参加者を割り付けるほうがよほど問題である。また，検証しないままに漫然と介入を行なうほうがもっと非倫理的である。

先ほどの Silverman の未熟児治療の例では，RCT による検証を行なわずに長年にわたって新生児に対する酸素投与を行なってきたために，数多くの新生児が失明してしまった。RCT を行なってはじめて酸素投与の害が明らかになったのである。しかし，当時の医師たちは，Silverman が対照群の未熟児に酸素投与を行なわないことを「非倫理的」と厳しく批判した。酸素投与には益があると長年の経験や習慣から漫然と信じていたからである。今になってみれば，どちらの態度が非倫理的かは明白である。

上の教科書の例でも，「望ましい教育法」と言うが，「望ましい」というのは著者が直観や主観でそう思っているだけであり，本当に望ましいかどうか，害はないのかなどは，RCT を実施して検証し

ないとわからない。われわれの直観がいかに頼りにならないかは，もう繰り返す必要はないだろう。そして，古澤ほか（2000）の言うように，1つの教育法だけに割り付けてフォローアップ研究を行なって（前後比較研究），「教育効果」が見られたとしても，それがバイアスの影響（経時的変化，平均への回帰など）による「見かけの効果」なのか「真の効果」なのかはまったくわからない。

医学的研究における倫理基準のバイブルとも言える「ヘルシンキ宣言」（World Medical Association, 2013）は，「新しい方法の利益，危険，負担および有効性は，現在最善とされている予防，診断および治療方法と比較考量されなければならない。ただし，証明された予防，診断および治療方法が存在しない場合の研究においてプラシーボまたは治療しないことの選択を排除するものではない」と述べ，むしろ RCT を行なうことこそが倫理的であるとしている。

一方，すでに効果が実証されている治療法について RCT を実施することは，研究のための研究でしかなく，そのような場合は特段の理由がない限り，明らかに非倫理的である。また，当然のことながら，効果を検証する場合でも，RCT を実施しさえすれば倫理的というわけではなく，RCT を行なううえで遵守しなければならない倫理的要請はたくさんある。それについては第5章で述べる。

7 「EBP や RCT は心理療法の医療化をいたずらに推し進めるものではないか」

心理臨床も精神医療も，メンタルヘルスの領域においてクライエント，患者の援助をするという究極の目的は同一である。しかし，心理臨床には医療とは違う心理臨床ならではの良さがあって，何でもかんでも医療の真似事をしていたのでは，それが失われてしまい

かねないという批判がある。この意見については，私も同意すると
ころが大きい。

　たとえば，発達障害や知的障害のように，障害そのものは医療で
は完全に治癒できない場合も，心理療法によって本人の QOL を高
めることができたり，主観的な適応感を高めたりすることはできる
だろうし，それこそが心理療法独自の治療成果である。

　このような考え方を背景にして，EBP や RCT は，数値化・デー
タ化できるようなクライエントの「症状の消失」だけに注目するた
め，心理療法の「医療化」をいたずらに推し進めてしまうという批
判がなされることがある。

　しかし，RCT ではさまざまなものを「効果（アウトカム）」と定
義してデザインすることができるため，このような批判は当たら
ない。つまり，効果というものは，非常に多義的だということで
ある。症状の消失だけが効果でないし，EBP はそれだけを追求して
いるのでもない。臨床的に意義があるのであれば，「クライエント
の QOL」「主観的治療満足感」「主観的適応感」などをアウトカム
としても何の問題もない。そして，それを高めることができるのか
否かを RCT によって検証し，その結果それが認められたのならば，
それはそれで立派なエビデンスとなる。

　とはいえ，少し本題からそれるが，実際のところ，RCT におい
て何をアウトカムとするかは悩ましい問題でもある。それにはいく
つかの理由があるが，まず「真のアウトカム」と「代理アウトカム」
のいずれを用いるべきかという問題がある（Torgerson & Torgerson,
2008）。たとえば，薬物依存症の治療であれば，真のアウトカムは「断
薬」ということになるだろう。しかし，断薬できたかどうか何年フォ
ローアップすればよいのだろうか。実際は，本人が死ぬときになっ
て一生薬物を使わなかったということになれば「断薬成功，治療成

功」ということになるのだろうが，RCT において参加者すべてを一生フォローアップすることは不可能に近い。その場合，たとえば「1年間の断薬」ができたかどうかを見て「断薬成功」としたり，あるいは長期間の断薬の予測因子であることが疫学研究などからわかっている変数（コーピングスキル，セルフエフィカシーなど）を「代理アウトカム」としたりすることが現実的である。「真のアウトカム」の測定は，しばしば困難でコストもかかるからだ。これは医療分野の試験でも同じで，脳卒中に効果があったかどうかを検証するために，実際の発作が起きたかどうかを見るのが「真のアウトカム」であるが，臨床試験においては血圧などの「代理アウトカム」を用いることが多い（Torgerson & Torgerson, 2008）。

　また，そのアウトカムがクライエント本人にとって，本当に重要かという問題もある。患者本人にとって，脳卒中の発作が起こるかどうかが決定的に重要であり，血圧の高低は発作さえ起きなければ本質的には重要な問題ではないかもしれない。また，不登校の治療にしても，学校に行くことができるようになれば，それは「真のアウトカム」が達成できたということになるだろうが，我慢して嫌々学校に行っているのであれば，本人は決して幸せではないだろう。逆に，学校には行けなくても，治療によって本人なりの人生の目標が見つかれば，それはそれで重要な治療成果であり，治療の失敗にはならないだろう。もし，「学校に行く」ということをアウトカムにして治療の効果を検討したとすれば，前者は治療成功で，後者は治療失敗とされてしまうかもしれないが，それもおかしな話である。このような悩ましい問題は，臨床場面でも何を治療目標とするかということで臨床家の頭を悩ませるであろうが，RCT という研究場面でも，何をアウトカムとすれば治療効果を正確に検証できるのかという点で，研究者の頭を最も悩ませる問題である。

いずれにしろ、「何をもって治療の効果とするか」という困難な問題に対して、EBP がすぐに数値化できるものや症状の消失だけに着目するなどという単純な対応をしていないことは明らかである。また、EBP を推進したからといって、心理臨床が医療の真似事をしてその独自性が失われるわけではなく、心理臨床独自の EBP を推進していけばよいのである。そして、心理臨床の場面に EBP が浸透するにつれ、心理臨床ならではの重要なアウトカムを見出すことは、われわれに課された課題である。

8 「エビデンスは大事だが、それだけではいけない」

EBP が浸透するにつれて、エビデンスを完全に毛嫌いする臨床家は徐々に減りつつある。そして、EBP の重要さに一定の理解をし、エビデンスに注意を払いながら臨床を行なっていこうとする「EBP 理解派」が少しずつ増加している。しかし、そのような「EBP 理解派」のなかにも、諸手を挙げて「EBP 大賛成」という態度を取るには少し抵抗があるという人が多い。そのような立場の人々がよく口にするのが、「エビデンスは大事だが、それだけではいけない」という意見である。

しかし、すでに述べたように、EBP はその定義において「エビデンスだけでよい」「データだけでよい」などということは決して言っておらず、むしろそれは、EBP とはかけ離れた態度である。クライエントの背景、価値観、好みなどをよく聞いたうえで、エビデンスを適用していくのが EBP であるから、EBP こそが「エビデンスは大事だが、それだけではいけない」という態度を前面に押し出しているのだ。したがって、これも的外れな批判であり、EBP に対するイメージや上滑りの理解だけでの批判であると言わざるをえない。

とはいえ，EBPに対してネガティブなイメージをもたれるのは，EBP推進派にも少し責任があるのかもしれない。かつて私が，ある学会のシンポジウムでEBPの重要さについて強調したとき，後で参加者の一人からこのように言われたことがある。「おっしゃることはよくわかるのですが，あなたの言っていることは，長いことほのぼのと営んできた昔ながらの小さな商店街に，いきなり外国の巨大資本や禿鷹ファンドが乗り込んできて，商店街を破壊しようとしているような印象を受けます」。これを聞いて，EBPに対するネガティブイメージを改めて認識させられ，少し納得しながら，苦笑してしまった。

今まで「こころ」だ「たましい」だなどと言ってほのぼのとやってきて，それでうまくいっていたのに，いきなり「エビデンス」だ「データ」だなどとカタカナ用語を振りかざし，有無を言わさず「そんなやり方は時代遅れだ」「これからはこうでなければダメだ」などと「古き良き時代」を全否定し破壊してしまうような脅威をEBPに対して感じてしまうのだろうか。たしかに，誰でも慣れ親しんだものを否定されたり，手放したりすることには，大きな抵抗感や戸惑いを感じるものだ。

しかし，EBPは「古き良き時代」が何もかもいけないと言っているのではない。そのなかにも，良いものと悪いものがある，つまり効果のあるものとないものがあるので，それを科学的根拠によってふるい分けをしていこうという当たり前のことを言っているにすぎない。そして，EBPは何よりもクライエントのためにあるもので，クライエントが効果のある治療を受けられる機会を増やそうとするものである。良い商品を扱う小さな商店街が駅やバス停から遠ければ，買い物に行きたくても行けないし，そもそも買い物客はその店の存在を知らないかもしれない。そして，悪徳商店でもそれが駅前

にあれば，そちらに行ってしまうかもしれない。EBP は，買い物客にどの店が良い店であるかを教え，そこへのアクセスを提供するようなサービスなのである。その結果，長い伝統があっても「悪徳商店」はつぶれてしまうかもしれないが，それはつぶれて然るべきだろう。巨大資本を盾に有無を言わさず商店街を根絶やしにするような再開発を行なうのとはわけが違う。

　しかし，そう受け取られていないということは，EBP を推進する側のアプローチに問題があるのだろう。心理療法と同じで，相手の不安や抵抗を上手に傾聴し，尊重しながら変化を促進するという丁寧なアプローチが，今後求められるのかもしれない。

第 3 章

EBM の発展

　これまでの 2 つの章では，いわば導入として EBM ／ EBP の概念についてさまざまな角度から説明を試みた。本章では，EBM がどのようにして誕生し，どのような発展を遂げ今日に至るのか，その歴史をたどることによって，さらに別の角度から EBP の意義を理解したい。さらに，EBP がどのように心理臨床と関連し，将来の方向性はどうなっていくのかなどについても述べていきたい。

1　古典的なエビデンス

　EBM の重要性が最初に提唱されたのは，言うまでもなく医療・ヘルスケアの領域である。世界で最初の臨床試験によるエビデンスは，18 世紀の James Lind によって行なわれた壊血病についての試験によるものであると言われている（Torgerson & Torgerson, 2008）。Lind はスコットランド生まれの医師であり，イギリス海軍の軍医として勤務していた。壊血病は当時，船乗りがなる病気と言われ，一度に多くの患者が出ることから感染症であるとも考えられていた。現在では，それはビタミン C の欠乏が原因であることがわかっているが，当時は死に至る原因不明の恐ろしい病気であった。実に，英仏七年戦争では，壊血病により 7 万人の兵士が命を落としたと言われ，これは戦闘で死亡した数よりもはるかに多かったとされている。

　Lind は，壊血病に罹った兵士 12 人を 6 つのグループに分け，シー

ドル，硫酸，バター，レモンなどを与えて，経過を観察した。それまで，希硫酸を与えることが主たる治療法だったのだが，試験の結果，レモンを与えた群の兵士だけが著明な回復をしたのである。現在の基準から見ると，問題も少なくない臨床試験であったが，画期的な点は，「壊血病には硫酸を投与すべきである」という当時広く行き渡っていた信念を疑い，対照群を有する臨床試験によって効果を検証したという点である。

　ただし，この試験は当時の医学界や海軍を動かすには不十分で，壊血病はビタミンC不足によるという事実が広く認識され，治療に活かされるようになるまで，それから約1世紀の時を待たなければならなかった。そして，その間，壊血病で死亡した人々の数はどれほどになるのか想像もつかない。人々の信念や固定観念を変えるには長大な時間を要するのだという事実を示す実例でもある。

　わが国においては，19世紀の医学者で東京慈恵会医科大学の創始者である髙木兼寛が，脚気の患者に対する臨床研究を行なっている（浦島，2004）。彼も海軍医であったこと，脚気はビタミンB1不足が主たる原因であるのに感染症であると考えられていたことなど，Lindの場合と共通点は多い。髙木は，海軍病院の入院患者10名を5名ずつ2群に分け（ただし，ランダムに分けたのではない），タンパク質の量を増やした食事と従来の食事を与えて，経過を観察した。その結果，新しい食事を提供した患者は全員が完治して退院したのに対し，従来食の患者は4人が退院に至ったにすぎず，1人が死亡した。この後，髙木は「脚気病栄養説」を説いて，海軍に食事の改善を訴えたが，「脚気病細菌説」が主流であった海軍に彼の説が受け入れられるまでには，長い時間を要した。「脚気病細菌説」を強硬に信奉していた医学者の1人は，かの森鷗外である。

図 3.1　ストレプトマイシン試験の論文

2　ストレプトマイシン試験

　ストレプトマイシンは，結核の治療に用いられた最初の抗生物質である。1944 年にアメリカの Waksman らにより，土中に生息する細菌から分離された。死に至る病であった結核の特効薬として多くの命を救ったのみならず，以後の抗生物質開発の端緒となったことは今さら言うまでもない。今日のわれわれが，もはや結核を死に至る病として恐れることなく生活できるのは，ストレプトマイシンの発見と，その効果を評価した RCT のおかげである。そして何よりも，RCT に参加した患者と研究を遂行した医師たちの献身と努力の賜物である。

　ストレプトマイシンの RCT は，1948 年に実施された。これは世界で最初に実施された RCT である（図 3.1）。英国医学研究会議チームによる論文（Medical Research Council, 1948）では，肺結核の自然

転帰はきわめて多様であるため，新しい薬物（ストレプトマイシン）を用いた少数の症例の結果では効果を証明する「エビデンス」にはならないと述べ，RCT の必要性を説いている。

RCT の実施にあたって，参加者の条件は，15 ～ 25 歳の急性期の肺結核患者で，細菌学的に感染が検証されており，虚脱療法（肺を萎縮させることで肺結核の治療を図る外科的方法で，結核外科的療法の初期に広く用いられていた）が適さない者，などと定められた。参加者の割り付けには封筒法が用いられ，封筒のなかには「S（ストレプトマイシン）」「C（コントロール）」と書いたカードが入っていた。S 群に振り分けられた参加者（55 名）にはストレプトマイシンが投与され，C 群の参加者（52 名）は通常ケアを受けた。参加者には，「特別な治療（ストレプトマイシン投与）」を受ける可能性があることは事前に知らされなかった（これは現在の基準では，倫理的に問題がある）。

6 カ月後の時点で，参加者の X 線写真が 2 名の技師によって別々に評価された。技師には，その参加者がいずれの群の参加者であるかを知らせていなかった（これを盲検化と呼ぶ）。結果，「著しい改善」が見られた参加者は，S 群 51% vs C 群 8%，「何らかの改善」が見られた患者は，S 群 18% vs C 群 25%。一方，「何らかの悪化」が見られた患者は，S 群 9% vs C 群 23%，死亡した患者は，S 群 7% vs C 群 27% であった。

このようにしてストレプトマイシンの RCT は行なわれ，その効果が実証された。そして，この RCT は今なお，医療の歴史の偉大な一歩として記憶されつづけている。

72 第 1 部 エビデンスをまなぶ

3 EBM の誕生と発展

　このように医療分野において，対照試験によって得られたデータに基づいて効果を見きわめ，臨床上の意思決定をするという試みは，古くから見られていた。しかし，すでに述べたように，現代的な意味での EBM が提唱されたのは，1991 年の Guyatt 論文が最初であった。そして，その概念を発展させ，広めたのが Sackett であった。そこでは，科学的な良質のエビデンスを，患者の価値観や背景，治療者の技能と組み合わせて活用することが EBM であるとされた。

　ところで，EBM を実践するには，質の高いエビデンスを産出することと，そのエビデンスに誰もが簡単にアクセスできることが必須であるのは言うまでもない。このことを可能にするためには，研究法や統計的手法の洗練が不可欠であったし，さらには体系的にエビデンスを生み出し，それに誰もが容易にアクセスできるようにする仕組みを作ることが重要であった。統計的手法については，メタアナリシスの手法の発展が挙げられる。また，体系的にエビデンスを生み出し，それへのアクセスを容易にすることを目的とした国際組織として，1993 年にコクラン共同計画が誕生した。これらについての詳細は，次項で述べる。

　このように発展を続けている EBM であるが，「はじめに」で紹介したように，イギリスの権威ある医学雑誌 "British Medical Journal" は，医療史上の 19 の「画期的な出来事」のひとつとして EBM を挙げている。ほかに挙げられたものとしては，麻酔，抗生物質，向精神薬（クロルプロマジン），ワクチンなどがあり，これらを見比べただけで，EBM が医学の歴史上どれだけ大きな「発見」であると考えられているかがわかるだろう。そこでは，「エビデンスを系統的に統合することは，医学上のあらゆる発見と上質な医療の実践

の基礎となるものである」と述べられており，EBM がなければ他に挙げられた「画期的な出来事」も単なる「発見」に終わり，それを現実の医療で「実施」することが不可能であるため，すべてのなかで最も重要なものだとも述べられている（Dickersin et al., 2007）。

その一方で，今後の課題として，エビデンスと実際の臨床にはまだ乖離があることや，患者や政策決定者などには EBM が行き届いていないことなどが挙げられている。さらに，ここには書かれていないが，心理学を含む社会科学分野での EBP はまだ始まったばかりで，ヘルスケア領域に比べるとはるかに後塵を拝していることも大きな問題であることは言うまでもない（原田・津谷，2012；Torgerson & Torgerson, 2008）。つまり，こうした領域での EBP を推し進めていくことは，今後のさらなる課題のひとつであり，それは心理臨床に携わるわれわれ一人ひとりの手にゆだねられている。

4 メタアナリシス

EBM の発展には，統計的手法の発展が不可欠であった。なかでも**メタアナリシス（meta-analysis）**の手法がなければ，今日のような EBM はありえなかったと言っても過言ではない。メタアナリシスとは，解析の解析という意味であり，同一の研究テーマに関する複数の独立した先行研究（一次研究）を集めて，それらを統合して解析する統計的手法のことである（野口，2009）。

たとえば「曝露療法は，PTSD の治療に効果があるか」というリサーチ・クエスチョンに対し，その効果を検討した研究をデータベースなどで検索する。そこで見つかった研究を一定の条件に従ってふるいにかけて質の高いものを選び出し，それらを統合する。複数の研究を統合することによって，サンプルサイズが増加し，統計

的検出力も大きくなるので，より確信のもてる結論が導き出されることになる。たとえば，50 人を対象とした研究が 10 件見つかれば，それを統合すると 500 人を対象とした 1 つの大きな研究となるため，そこから得られた知見がそれだけ信頼に足るものになるというわけである。

　しかし，当然のことながら，質の高い研究を集めなければ，どんなに高度な統計解析をしたところで，質の高いエビデンスは得られない。第 1 章の「5　エビデンスの質」で示したように，研究デザインには明確なヒエラルキーがあるため，メタアナリシスの対象となるのは，ランダム化比較試験（RCT）のような頑健な質の高いデザインの研究に限定されることが通常である。このことを端的に示す文句として "Garbage in, garbage out" という言葉がある。言葉は悪いが，「ゴミを入れたら，ゴミしか出てこない」という意味である。つまり，質の低い研究をメタアナリシスによってまとめても，その結果は質の低いエビデンスにしかならないということである。

　対象とする研究が選択されたら，それを統合して解析するのだが，その際に用いられる統計的手法がメタアナリシスである。そして，メタアナリシスを用いて研究を統合した論文を**系統的レビュー**（systematic review）と呼ぶ。メタアナリシスと系統的レビューという言葉は，よく混同され，しばしば同義語として用いられるが，厳密には異なった概念である。メタアナリシスは統計手法のことであり，系統的レビューとはあらかじめ定められた手続きによって先行研究のレビューをした論文のことをいう。メタアナリシスの手法を用いていない系統的レビューもあるので，「この系統的レビューはメタアナリシスを用いている」ということを明示したいならば，「メタアナリシスによる系統的レビュー」と言うべきである。一方，系統的な手法によらず，著者独自の視点から先行研究を選んでレ

ビューするような従来の古典的レビューは，記述的レビューと呼ばれて区別される。

　研究の統合をするという考えは，かなり古くからあったが，メタアナリシスという名称を用いて現代的なメタアナリシスを初めて行なったのは，心理学者の Glass であると言われている（Lipsey & Wilson, 2001；丹後，2002）。Glass（1976）は，心理療法の効果に関する対照試験を集め，メタアナリシスによって統合し，その効果を定量化した。その後，この方法は，主として医学研究の分野で幅広く用いられるようになった。臨床心理学分野においては，米国では多くのメタアナリシスが行なわれているが，残念ながらわが国ではほとんど行なわれていない。

　具体的なメタアナリシスの手続きや系統的レビューの読み方については，第 6 章で解説する。

5　コクラン共同計画

　メタアナリシス，あるいは系統的レビューなどという言葉を聞くと，誰もが難しそうで近寄りがたい印象を抱くだろう。しかし，それでは EBM はいつまでも象牙の塔に閉じこもったままで，われわれの健康維持や健全な社会の発展に資することができない。いかに優れた医学研究であっても，それが一部の研究者しか知りえぬものであれば，存在しないに等しい。

　EBM をより一層身近にし，われわれの手の届くものとするために尽力したのが，英国の疫学者 Archie Cochrane と**コクラン共同計画**（**Cochrane Collaboration**）である。Cochrane の考えは，「エビデンスは何よりも患者や受益者のためのものである」という画期的なものであった。言ってみれば，この考え方によって医学研究が象牙の

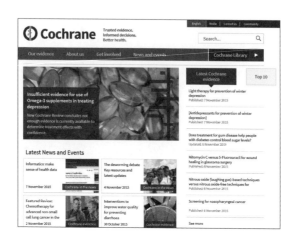

図 3.2　コクラン共同計画のウェブサイト

塔から市民の手へと解放されたのである。

　コクラン共同計画は，1993 年に Cochrane の弟子たちによって始められた国際的プロジェクトであり，その目的は，「エビデンスの系統的レビューを作成し，維持し，アクセス可能性を促進することによって，人々がヘルスケアについて十分な情報を得たうえでの意思決定を可能にする」（Green et al., 2008）ことである。その目的のため，コクラン共同計画は，メタアナリシスによる系統的レビューを発表し，オンライン上で誰でもアクセスできるようにしている（図 3.2）。ヘルスケアの領域では，コクランレビューを参照して治療の選択を行なうことがもはや常識になっており，その証拠に世界中で 3 秒ごとに 1 本のコクランレビューのフルテキストがダウンロードされているほどである（Cochrane Library, 2012）。

　コクラン共同計画によって作成され公開されている系統的レ

ビューは，2014年現在約5,000本あり，毎年約300本ずつのペースで増加している。専門分野別に52のレビューグループ（Cochrane Review Group）があり，メンタルヘルスに関連した分野では，認知症グループ，うつ・不安・神経症グループ，発達・心理社会・学習障害グループ，薬物・アルコールグループ，てんかんグループ，統合失調症グループなどがある。これらのグループによって執筆され公開されているメンタルヘルス領域のレビューは，2012年7月現在で360本あり，内訳は不安障害30，双極性障害16，認知症92，うつ病53，統合失調症および精神病150などとなっている。

　また，物質依存症は別にカウントされており，薬物・アルコールグループのレビューは現在のところ92あって，そのうちアルコール乱用・依存に関するものが最も多く29である（内訳は，薬物療法14，心理社会的介入9，予防4など）。アルコール以外の薬物に関するレビューは60あり，うちヘロインなどオピオイド依存28，多剤乱用15などとなっている。さらに，タバコグループのレビューは全部で56ある（原田，2013）。

　これらのレビューは，コクラン共同計画のウェブサイト（http://www.cochrane.org/cochrane-reviews）で誰でも閲覧／ダウンロードすることできる。途上国などでは無料で提供されているが，わが国の場合，無料なのはアブストラクトのみで，全文の閲覧やダウンロードは有料となっている。ただし，コクラン共同計画20周年を迎えた2013年から新たに発表されたレビューは，1年間無料で全文を読むことができるようになった。また，大学など機関で契約している場合，その機関に所属する者は，いつでも無料で全文にアクセスできる。

　これらはいずれも英語での利用になるが，Mindsガイドラインセンターのサイト（http://minds. jcqhc.or.jp/n/）では，多くのコクランレビューの抄録が，日本語で紹介されている。さらに，2014年

5月には国立成育医療研究センターにコクラン日本支部が設立され，日本人によるコクランレビューの執筆や，日本でのコクランレビューの活用などの支援を積極的に行なっている。コクランレビューの利用法については，第6章で詳しく紹介する。

コクラン共同計画の姉妹組織として，社会科学分野における介入の効果に関する系統的レビューを作成し，公開するために設立された国際組織が**キャンベル共同計画（Campbell Collaboration）**である。コクラン共同計画に遅れること7年，2000年に発足したキャンベル共同計画には，教育，刑事司法，社会福祉，方法論の4分野がある。レビュータイトルの一例を挙げると，「防犯カメラによる監視が犯罪抑止に及ぼす効果」（Welsh & Farrington, 2008），「親の協力が小学生の学業成績に及ぼす効果」（Nye et al., 2006），「性的虐待を受けた子どもへの認知行動的介入」（Macdonald et al., 2012）などがある。

レビューの数はまだ100本あまりしかなく，増加も年に10本前後のペースであるが，これはそのまま社会科学分野におけるEBPへの関心の度合い，一次研究の少なさなどを反映していると言えるだろう。キャンベルレビューは，ネット環境さえあれば世界中のどこからでも全文が無料でダウンロードでき（http://www.campbellcollaboration.org/lib/），日本語に翻訳されているものも多い（http://ir.u-shizuoka-ken.ac.jp/campbell/）（図3.3）。

このように，今やインターネットによって，良質なエビデンスに瞬時にアクセスできる時代となり，EBPはこうしたIT技術の発展と軌を一にしてさらに発展を続けている。

図 3.3 キャンベル共同計画の日本語ウェブサイト

6 エビデンスを軽視したらどうなるか

これまでエビデンスの重要さを強調しながら，EBM および EBP の歴史を駆け足で振り返ってきたが，この章を締めくくるにあたり，エビデンスを軽視または無視したことによって生じた悲劇的な実例を挙げてみたい。

医療の歴史のなかでは，エビデンスを軽視したことによる悲劇は枚挙に暇がない（Torgerson & Torgerson, 2008）。なぜなら，医療ではしばしば大きな副作用や死というネガティブなイベントが目に見える形ではっきりと生じてしまうからである。前章で挙げた未熟児網膜症の例はそのひとつである。

心理学分野で真っ先に挙げられる有名な例は，スケアード・ストレート（scared straight）である（Petrosino et al., 2004；Torgerson & Torgerson, 2008）。これは，非行少年に対する矯正教育プログラムで

あり，米国において 1970 年代から広く活用されている。米国では多くの心理学的介入が「ビジネス化」されており，実際このプログラムも多くの場合，民間のプログラム提供会社が，少年院などに委託されて実施している。内容は，非行少年を成人刑務所に連れて行き，そこで重罪犯に面会させ（実はサクラ），犯罪内容や刑務所生活などについて脅しながら話をすることによって，少年たちを恐怖に（scared）直面させる（straight）ものである。

Petrosino et al.（2004）は，スケアード・ストレート・プログラムが非行抑制にどれほどの効果があるかについて，メタアナリシスを行なった。その結果，驚くことに，プログラムを受けた少年のほうがその後の犯罪率が高いこと，つまりスケアード・ストレートは逆効果であることがわかった。

しかし，このプログラムは，その後も名前を変えて存続しつづけている。わが国においても，実に多くの自治体で交通安全教室などの際に，交通事故の恐怖を疑似体験させるとして，スケアード・ストレートの手法が用いられている。内容としては，子どもたちの目の前でスタントマンが車にはねられるところなどを見せるようなものがある。たとえば，川崎市は 2012 年に 30 万円余の予算を投じてスケアード・ストレート・プログラムを委託したことをホームページ上で公開している。交通事故あるいは交通マナーや意識向上に対する効果自体は，先のレビューでは検証されていないが，非行・犯罪については逆効果であったことがメタアナリシスで示されていることを踏まえて，税金を投じる以上は厳密な検証をしたほうがよい。

またごく最近，心理臨床においてエビデンスを軽視したことによって引き起こされた重大な事態が，新聞紙上を賑わせたことがある。それは東日本大震災の被災地で，被災児童のケアにおいて，「心理的デブリーフィング」を安易に用いたことによる悲劇である。心

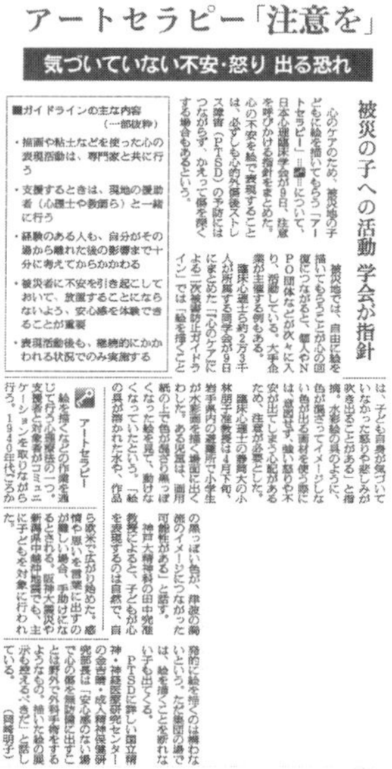

アートセラピー「注意を」

気づいていない不安・怒り 出る恐れ

被災の子への活動 学会が指針

心のケアのため、被災地の子どもに絵を描いてもらう「アートセラピー」＝■＝について、日本心理臨床学会が9日、注意を呼びかける指針をまとめた。心の不安を絵で表現することは、必ずしも心的外傷後ストレス障害（PTSD）の予防にはつながらず、かえって傷を深くする場合もあるという。

被災地では、自由に絵を描いてもらうことが心の回復につながると、個人やNPO団体などが次々に入り、活動している。大手企業が主催する例もある。

臨床心理士ら約2万3千人が所属する同学会が9日にまとめた「『心のケア』による二次被害防止ガイドライン」では「絵を描くことは、子ども自身が気づいていなかった怒りや悲しみが吹き出ることがある」と指摘。水彩絵の具のように、色が混ざってイメージしない色が出る画材を使う際には、意図せず、強い怒りや不安が出てしまう心配があるため、注意が必要とした。

臨床心理士の静岡大の小林朋子准教授は4月下旬、岩手県内の避難所で小学生が水彩画を描く場面に出くわした。ある児童は、画用紙の上で色が混ざり黒っぽくなった絵を見て、動けなくなっていたという。「絵の具が溶かれた水や、作品の黒っぽい色が、津波の瞬間のイメージにつながった可能性がある」と話す。

神戸大精神科の田中究准教授によると、子どもが心を表現するのは自然で、自発的に絵を描くのは構わないという。ただ集団の場では、絵を描くことを断れない子も出てくる。

PTSDに詳しい国立精神・神経医療研究センターの金吉晴・成人精神保健研究部長は「安心感のない場で心の傷を無防備に出すことは野外で外科手術をするようなもの。描いた絵の展示も控えるべきだ」と話している。（岡崎明子）

■ガイドラインの主な内容（一部抜粋）

- 描画や粘土などを使った心の表現活動は、専門家と共に行う
- 支援するときは、現地の援助者（心理士や教師ら）と一緒に行う
- 経験のある人も、自分がその場から離れた後の影響まで十分に考えてからかかわる
- 被災者に不安を引き起こしておいて、放置することにならないよう、安心感を体験できることが重要
- 表現活動後も、継続的にかかわれる状況でのみ実施する

アートセラピー　絵を描くなどの作業を通じて行う心理療法の一つ。支援者と対象者がコミュニケーションを取りながら行う。1940年代ごろから欧米で広がり始めた。感情や思いを言葉に出すのが難しい場合、手助けになるとされる。阪神大震災や新潟県中越地震でも、主に子どもを対象に行われた。

図 3.4　津波の被災児童への「心のケア」（『朝日新聞』2011 年 6 月 10 日）

理的デブリーフィングとは，トラウマを受けた人々に対し，PTSD の予防的介入として，トラウマの内容を吐露させるような心理的介入のことをいう（Rose et al., 2002）。

東日本大震災の後，トラウマケアのため多くの臨床心理士が被災地に赴いた。その熱意と努力には大きな敬意を表したい。しかし，その際，津波の被害を受けた子どもたちに，被災時の絵を描かせたケースがあり，その結果子どもたちが悪夢にうなされたり，情緒的に不安定になったりするなどの悪影響をもたらしたというのである（図 3.4）。

もちろん，このような介入を行なった心理士は，最大限の善意か

らそれを行なったのであり，悪意があったわけではないことはわかる。しかし，デブリーフィングの害は，2001年に起きたアメリカ同時多発テロの際にも注意喚起がなされていたし，心理的デブリーフィングに害があることを警告するコクランレビューも2002年に発表されている（Rose et al., 2002）（レビューの内容については第6章を参照）。専門家として「知らなかった」ではすまされない。また，何を根拠にして絵を描かせたのかも大変気にかかる。わが国の心理臨床場面では，「とりあえず，絵を描かせる」「とりあえず，幼少期の親子関係を聞く」など，「とりあえず」の介入が多く見受けられるが，これこそがまさにEBPに反する画一的な臨床である。「とりあえず，良かれと思ってやってみた」というのは理由にならない。あまりにも不用意かつ危険すぎることを漫然と行なったことに対しては，大きな倫理的責任がある。

　さらに，Rose et al.（2002）のレビューを読んで私が最も懸念するのは，「介入の直後よりも，何年か後に悪影響が大きくなる」というエビデンスである。それを防止するためにも，子どもたちに不用意に絵を描かせてデブリーフィングをしてしまった心理士は，自らの介入によって害をなしてしまった子どもたちに対して，臨床的・倫理的責任を果たすためにも，エビデンスに基づいたアフターケアをする必要がある。

＊

　さて，本章では大急ぎでEBMの歴史を概観するとともに，わが国における問題点にもふれた。次の第2部からは，いよいよEBPについてのプラクティカルな解説を行なっていく。

第 2 部

エビデンスをつくる

第4章

研究法とエビデンスの質

　これまで繰り返し述べてきた通り，科学的な研究に基づいてさえいれば何でもエビデンスと呼べるわけではない。エビデンスの質にはランク，ヒエラルキーがあり，それはそのエビデンスが導き出された研究デザインや方法の質に依存する。そして，EBPでは最新最善のエビデンスを用いなければならず，質の低い研究から得られた知見は，エビデンスとは呼べない。

　本章では，臨床心理学研究で用いられる代表的な研究デザインを紹介し，その研究から導かれた知見をエビデンスとしてよいのか否かという点を中心に説明をしていきたい。「自分は臨床が専門で，あまり研究はしないので，研究デザインなどという話とは無縁である」とは考えないでいただきたい。今後さまざまな研究論文を読む際にも，そしてエビデンスを臨床において活用する際にも（エビデンスの批判的吟味），ここで紹介する知識は役立つはずである。

　ここでは，①事例研究，②前後比較研究（準実験），③ケース・コントロール研究（観察研究），④コホート研究（観察研究），⑤一事例実験（準実験）を取り上げる。これらはいずれも，わが国の臨床心理学研究でよく用いられる研究デザインである。

1　事例研究

　身近な1人のクライエントに治療Aを実施し，その成果をもってエビデンスとし，「治療Aには効果がある」と述べてしまってよ

いだろうか。たしかに，そのクライエントには効果があったのかもしれないが，それが直ちに他のクライエントにも当てはまるわけではない。つまり，そのエビデンスを一般化することはできない。エビデンスの一般化可能性を指して，**外的妥当性**と呼ぶ。

このような研究デザインは，1人または少数の事例を対象としたものであることから，**事例研究（case study）**と呼ばれる。この事例研究の問題のひとつは，今述べたように外的妥当性が低いことである。しかし，問題はそれだけではない。治療Aとクライエントが良くなったことに，果たして因果関係はあるのかという大きな疑問も立ちはだかる。たしかに治療Aを実施した後，症状の改善を観察できたのであれば，この2つ，つまり治療Aと症状改善に因果関係を認めたくなる。

原因 ----------- 結果
治療A ⇒ 症状改善

しかし，第1章でも検討したように，この推論はあまりに単純すぎる。症状改善に影響を及ぼしたほかの要因はないのだろうか。このようにさまざまな可能性を吟味してみることが科学的思考である。たとえば，治療者のあずかり知らぬところで，別の治療B（たとえば投薬）を受けており（共介入），その結果症状が軽快したのかもしれない。あるいは，治療に通いはじめてから家族の意識が変わり，家族関係などの環境要因が好転したのかもしれない（環境変化）。治療への期待や治療を受けているという安心感から，症状に変化が生じたのかもしれないし（プラセボ効果），単に時間の経過や本人の成長によって良くなった可能性もある（経時的変化）。さらには，これら複数の要因の相乗効果かもしれない。

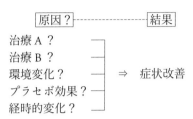

　事例研究では，これらの可能性をどれも排除することができない。にもかかわらず，目立つ2つの要因，すなわち治療Aと症状改善のみに着目して，そこに因果関係を推定し，残りの要因を根拠なく排除することは，誤った結論を導き出す危険性があまりにも大きい（関連性の錯誤）。これはあたかも犯罪捜査における誤ちと同じで，犯人である可能性のある人物をリストアップし，客観的証拠に基づいた捜査がなされるべきであるのに，証拠もなく，最初からあやしいとにらんだ1人を逮捕していたのでは，冤罪を生んで真犯人を取り逃してしまう恐れが大きくなる。

　臨床研究においては，介入（**独立変数**または**説明変数**）と症状の変化（**従属変数**）との関係が明確に推論できる必要がある。これらの関係が明確に推論できる可能性のことを，**内的妥当性**と呼ぶ。事例研究のような研究デザインでは，独立変数にあたる治療Aのほかにも，別のさまざまな要因が従属変数にあたる症状改善に影響を与えている可能性を否定できない。これは研究デザインとして致命的である。このように独立変数以外の変数が，従属変数に影響を与えてしまうことを**交絡**と呼ぶ。研究では，交絡をできるだけ統制することが重要であるが，事例研究ではそもそもそれがほとんど不可能である。

　このように，事例研究は，内的妥当性と外的妥当性のいずれもき

わめて低いので，研究デザインとしては最も質が低く，一般的にそこから得られた知見をエビデンスとしてはならない。事例数が少ないから問題なのだと考えて，事例をたとえ何百例に増やしてもそれは同じである。いくら事例を増やしたところで，それはデータにはならないし，エビデンスにもならない。外的妥当性はある程度高まるかもしれないが，内的妥当性の脅威となる上述のような交絡要因を排除できないからである。事例とデータが根本的に異なるのは，このような理由からである。

2　前後比較研究

　事例研究がエビデンス源として不適切なのであれば，もっとクライエントの人数を増やして，さらに客観的な測定を実施することで，より定量的な研究にすればよいのだろうか。たとえば，研究参加者を 100 人に増やして，治療 A を実施し，介入前後での症状変化を客観的な指標を用いて測定してはどうだろうか。治療 A を X_A，治療前の症状の測定結果（たとえば，抑うつ尺度のスコア）を O_1（事前テスト，またはベースライン），治療後の測定結果を O_2（事後テスト）とすると，このデザインは以下のように書き表わすことができる。

$$O_1 \qquad X_A \qquad O_2$$

　この O_1 と O_2 の間に有意差があれば，X_A には効果があったと言えるだろうか。事例研究とは違って，研究参加者が 100 人もいるのだから外的妥当性はありそうである。しかし，ここに参加したクライエントは，母集団（たとえば，うつ病の患者全体）を代表してい

ると言えるだろうか。研究に参加したくらいだから，治療意欲が高く，症状も軽い患者が多いのではないだろうか。研究に関心があり，知的レベルや経済的レベルも高い人が多いかもしれない。ほかにもわれわれのあずかり知らぬ何らかの共通した傾向を有しているのかもしれない。これら参加者が共通して有している属性を**選択バイアス**と呼ぶが，選択バイアスは外的妥当性（一般化可能性）を阻害する。選択バイアスを最小化するためには，母集団から研究参加者を無作為に選ぶ**ランダム・サンプリング**（無作為抽出）をする必要がある。

また，前後比較研究では，内的妥当性に関しても問題が大きい。選択バイアスは，外的妥当性のみならず，内的妥当性にとっても大きな脅威となる。たとえば先に挙げた治療意欲の高さ，知的レベルの高さなどは，それだけで治療効果に影響及ぼしうる要因であるからだ。つまり，治療後に症状が改善されたとしても，それは治療Aの効果なのか，治療意欲の高さによる効果なのかが，この研究デザインでははっきり区別できない。それに加えて，共介入の可能性，環境変化，経時的変化など，治療外要因の影響による可能性なども，この研究デザインでもまったく除外できない。つまり，ここでも交絡が排除できないということである。

平均への回帰に関しても同様である。平均への回帰は，よく見られる自然現象であり，何もしなくても自然に生じるものであるが，これを介入の結果として誤ってとらえてしまうことがある。介入前の悪いスコアが介入後に改善した場合，それは単に平均への回帰にすぎないのに，介入の効果であると誤って結論してしまうこと（関連性の錯誤）が，前後比較研究においてはしばしば見られる。

ホーソン効果も，この種の研究によく見られる治療外要因である。これは「研究に参加している」「自分たちは観察されている」という本人の認知によって，パフォーマンス（この場合は症状）が向上

90　第2部　エビデンスをつくる

することをいう。

　前後比較研究は，このように選択バイアス，経時的変化，平均への回帰，ホーソン効果などの影響を受けやすく，往々にして介入前後に差が出やすい。その場合，実は介入による変化ではないのに，誤って介入には効果があったという結論を下してしまいやすいことが大きな問題である。また，介入に効果があったとしても，その効果の大きさを過大評価してしまう危険がある。

　わが国の量的研究では，このような前後比較研究（一群事前時後比較デザイン）が非常に多い。しかし，残念ながらこのデザインも，これまで述べたように内的妥当性，外的妥当性いずれも低く，そこから得られた知見をエビデンスとすることは差し控えるべきである。

3　ケース・コントロール研究

　ある障害をもったクライエントと健康な人との相違は何か。どのような要因がその障害の発症に影響しているのか。このようなリサーチ・クエスチョンを抱くことは多いだろう。たとえば，肺がん患者と健康な人の喫煙率に違いはあるか，不登校の生徒とそうでない生徒のアタッチメント・スタイルに違いはあるか，非行少年と一般少年には家庭環境に違いがあるか，うつ病患者とそうでない人は認知スタイルに違いがあるか，などの例が挙げられる。

　このような問いへの回答を見出そうとする場合，よく用いられる研究デザインが**ケース・コントロール研究**（症例対照研究）である。問題となる状態を有している研究参加者を「ケース」，比較対照となる参加者を「コントロール」と呼び，この両群を，リサーチ・クエスチョンで取り上げた要因について比較する。多くの場合，現在の状態に影響を与えていると考えられる過去の要因を比較するため，

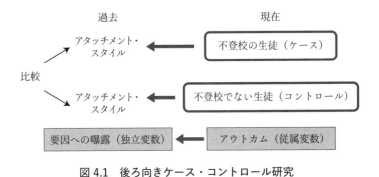

図 4.1 後ろ向きケース・コントロール研究

後ろ向き研究となる。

この研究デザインを図式的に表わすと図 4.1 のようになる。

「不登校の生徒とそうでない生徒のアタッチメント・スタイルに違いはあるか」というリサーチ・クエスチョンの場合，ケースが「不登校の生徒」，コントロールが「不登校でない生徒」となり，この両者における過去のアタッチメント・スタイルを比較する。この場合，「過去のアタッチメント・スタイルの違いが，現在の不登校という結果に影響を与えているのではないか」という仮説が前提にあり，アタッチメント・スタイルが独立変数（説明変数），登校状態（不登校か否か）が従属変数である。そして，従属変数の差（不登校であるか否か）によって，独立変数（アタッチメント・スタイル）に差があるかどうかを比較検討するわけである。これを「アウトカム（従属変数）を軸にして，曝露（独立変数）を比較する」という。**曝露**とは，何らかの要因に着目して，その影響を受けていることをいう。

ケース・コントロール研究は，参加者に何かの介入をするわけで

はなく，現在生じている問題に関連があると考えた過去の要因について，質問紙や面接などによって調査し，その差を観察するものであるため，観察研究に分類される。

この種の研究は，多くの交絡の影響が考えられ，内的妥当性が低い。たとえば，関連性の錯誤はここでも大きな脅威である。着目した要因（アタッチメント）以外に，アウトカムに大きな影響を与えている要因（たとえば，遺伝，パーソナリティ，経済状態など）があるかもしれないが，その影響はこの研究デザインでは観察対象ではないためわからない。また，仮にアタッチメント・スタイルに有意差が見られたとしても，それによって言えることは，アタッチメント・スタイルと不登校との間に相関があるということだけで，因果関係までは推論できない。ここで観察していない第3の要因があって，それが双方に影響を与えているのかもしれないからだ。

わかりやすい例で説明しよう。「給料」が従属変数だとして，「血圧」を独立変数とする。このとき観察研究をすると，この両者には関連が見出されるだろう。つまり，「給料が高い者のほうが，低い者より血圧が高い」という結果になるだろう。しかし，もちろん血圧の高さが給料の高さの原因ではなく，両者に因果関係はない。この研究結果を聞いて，給料を上げるためにせっせと塩分や脂肪分の高い食事をする人はいないだろう。ここに隠れている第3の要因は，「年齢」である。

したがって，先の例でも，アタッチメント・スタイルと不登校に関連があったとしても，その見かけ上の関連をもって「アタッチメント・スタイルの違いが，不登校であるかどうかに影響する」という因果関係を結論することはできない。このように，独立変数と従属変数の関係を明確に推論できないため，この研究デザインは内的妥当性が低い。

このほかにも，内的妥当性への脅威はいろいろと考えられる。過去のことを聞くのであれば，記憶バイアスの影響があるだろう。さらに，不登校以外の両群の差によってアタッチメント・スタイルに差が出ているかもしれない。たとえば，ケース群に男性が多く，コントロール群に女性が多いというような性差がある場合，独立変数に差が観察されたとしても，それは単に性差によるものであって，不登校か否かとの関連はないのかもしれない。これは選択バイアスである。

この場合，**マッチング**をすることによって，ある程度は交絡を調整することができる。たとえば，男性の不登校ケースがいれば，コントロールにも男性を選ぶようにする。性別以外にも年齢や出生順など，交絡因子となりそうな変数を選んでマッチングするとなおよいが，それでも交絡を完全に排除できるわけではない。

ケース・コントロール研究は，比較的実施が容易で，時間や費用などのコストも低く抑えられるという利点がある。その一方で，これまで述べてきたように，内的妥当性における数多くの脅威があるため，その知見をもってエビデンスとすることは望ましくない。

4 コホート研究

コホート研究も観察研究の一種であるが，ケース・コントロール研究とは逆に，曝露を軸としてアウトカムを比較する研究デザインである。

たとえば，不幸にして虐待を受けた子どもとそうでない子どもを追跡調査して，成人後のうつ病罹患率の割合を比較するというような研究が挙げられる。あるいは，喫煙者と非喫煙者を追跡して，将来の肺がんの罹患率を比較するなどの研究もあるだろう。このよう

94　第2部　エビデンスをつくる

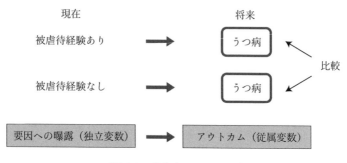

図 4.2　前向きコホート研究

に曝露（独立変数）のある／なしを基準にして，従属変数（アウトカム）を比較するようなデザインを**コホート研究**と呼ぶ。コホートというのは，同一の特性を有する集団のことを指す（図4.2）。

　コホート研究もケース・コントロール研究と同様に，研究者が何かの操作（介入）を行なうのではなく，自然に生じた曝露とその結果の関連を観察するものであるため，観察研究にカテゴライズされる。

　そしてコホート研究も内的妥当性には大きな問題がある。上の例で言えば，虐待を受けた子どもとそうでない子どもとの間に，将来のうつ病発症率に有意差があったとしても，それが虐待に曝露された結果なのか，それともそれ以外の要因（たとえば，家族構成，親の教育程度や経済状況，子どものパーソナリティや学業成績など）の影響なのかはわからない。また，ケース・コントロール研究同様，そこには相関関係があるということしか言えず，因果関係までは推論できない。

　もっとも，多くのサンプルを集めて，両群の他の要因（性別，家族構成，親の教育程度など）をマッチングさせたり，統計的な調整

を行なったりすることによって，因果関係の確信の度合いを高めることはできる。ただし，コホート研究には相当な時間や費用がかかるため，大規模な研究をすることは非常に困難な場合が多い。

このように，コホート研究にも内的妥当性に大きな問題があることから，その研究結果をもってエビデンスとすることには慎重でなければならない。したがって，第1章で紹介したエビデンスの質のランクにおいても，ケース・コントロール研究やコホート研究など，観察研究による知見は質が低いものとされている（表1.1, p.37）。

5 一事例実験

臨床心理学の分野でしばしば用いられる介入研究のデザインに，一事例実験というものがある。これは参加者が1名であるが，事例研究とは違って，定量的な観察をする研究デザインである。しかしそうは言っても，事例が1例または少数であれば，事例研究と同じく外的妥当性がきわめて低いことは間違いない。したがって，このような研究は，あくまでも当該事例において介入の効果があるかどうかを検証することを目的とすべきであって，その他の事例にまで一般化することはできないし，してはならない。

では，具体的な研究の例を挙げる。学習意欲のない小学生に少額のバウチャーを与えたときに，進んで勉強をする様子が見られたので，「バウチャーの提供は学習意欲を高めるか」というリサーチ・クエスチョンを立て，検討することにしよう。この際，独立変数がバウチャーの有無であり，従属変数が学習意欲である。学習意欲を定量的に観察するために，学習意欲を「机に向かっている時間（勉強時間）」と操作的に定義することにする。まずベースライン測定として，バウチャーを与える前の勉強時間を測定する。そして，バウチャー

を与えて勉強時間がどう変化するかを測定し，両者を比較すればよい。

とはいえ，これでは先の前後比較研究と同じで，さまざまな交絡が考えられるので，内的妥当性が低くなってしまう。そのため，この種の研究で内的妥当性を高めるための工夫として，次にバウチャーの提供をやめて，勉強時間がどう変化するかを観察すればよい。そして，ベースライン期，介入期，無介入期の3段階で比較するわけである。この場合，ベースライン期と無介入期は，独立変数（バウチャー）がないという点で共通しているので，この時期をA段階とする。介入期は独立変数があるのでB段階とする。このようなデザインをABAデザインと呼ぶ。

さて，仮にその結果が図4.3のようなものだったとする。これを見ると，バウチャーのないA段階は勉強時間が短く，バウチャーを与えたB段階だけが長いので，バウチャーという介入には効果がありそうである。さらに内的妥当性を高めるためには，時間をランダム化して一事例ランダム化比較試験を行なえばよい。たとえば，研究期間を1週間とすれば，7日間のうち，いつをAにしていつをBにするかをランダムに割り振るのである。このようなクロスオーバーによって従属変数を比較すると，ある程度の内的妥当性が担保される。しかし，あくまでその事例だけに当てはまる結果であることには変わりがないので，このような研究は，具体的な1人のクライエントに関する比較的長期間持続する問題（本事例で言うと学習意欲の低下，ほかには慢性疾患など）への対処や再発管理などに限定して用いるべきである。つまり，当該個人に対する介入のエビデンスとはなるが，一般的なエビデンスにはならない。

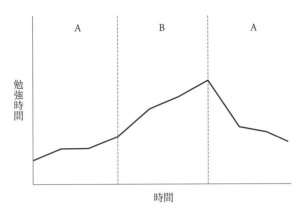

図 4.3　一事例実験

6　わが国の臨床心理学研究の現状と課題

　以上，わが国の心理学研究でよく用いられるいくつかの研究デザインについて，内的妥当性や外的妥当性を検討し，その知見をエビデンスとしてよいか否かについて説明した。本章を締めくくるにあたって，わが国の臨床心理学研究の現状について概観したい。

　わが国の臨床心理学では，悲しむべきことに，臨床研究と言うと事例研究のことだと理解されている向きがある。しかし，これは明らかな間違いである。一般に，臨床研究と言えば，ランダム化比較試験（RCT）のことを指す。

　わが国で事例研究がこれほど重視されているのは，偶然にそうなったのではなく，臨床心理学の指導者たちがそれを意図的に奨励したことによる。河合（2001）は，「臨床心理学の研究においては，事例研究が極めて重要である。そのことは臨床心理の実際に従事し

ている者にとっては自明に近いことである。現に日本心理臨床学会においても事例研究を中心と考えて実行してきている。このことが，わが国の臨床心理学の発展に大いに役立ったことは，多くの人の認めるところであろう」と述べている。同様に山中（2001）は，「『事例研究』という名の研究が，心理臨床学や臨床心理学においてとても大切な位置を占めるようになったのには理由がある。それは，この学問において，『事例から学ぶ』というのが最も根源的な源泉だからであり，これを外して，これに勝る源泉はないからである」と述べる。

　たしかに，臨床心理士の育成などにおいて，事例から学ぶことの意義は大きい。しかし，私はこれらの意見に諸手を挙げて賛成することはできない。そもそも，わが国の臨床心理学が発展しているという認識にも首をかしげたくなる。

　むしろ，事例研究しか行なってこなかったことが，わが国の臨床心理学の「惨状」を招いていると考えるほうが正確な理解ではないだろうか。日本の医学や物理学などが世界最先端のレベルでの業績を上げ，ノーベル賞受賞者を輩出しているのに比べると，言うまでもなく臨床心理学の業績は，世界レベルにははるかに及ばない。その証拠に，日本の臨床心理学者の論文が一体，世界でどれだけ引用されているのだろうか。そもそも英語で論文を発表している者がどれくらいいるのかを考えただけでも，答えは明白である。

　ここ4年間に発刊された日米の代表的な臨床心理学の学術誌を比較してみる。レベルが違いすぎるので，比較するのもおこがましいくらいであるが，日本の学術誌として『心理臨床学研究』，アメリカの学術誌として"Journal of Consulting and Clinical Psychology"を用いる。後者はインパクトファクターが毎年5前後を得ている一流誌である（臨床心理学分野ではトップ5に入る）。

その結果,『心理臨床学研究』では, 2011 年から 2014 年 8 月までに発表された論文全 311 件のうち, 事例研究が 198 件 (63.7%), 調査研究が 70 件, 準実験 16 件, 質的調査 20 件などであり, RCT に関しては 0 件であった。

一方, "Journal of Consulting and Clinical Psychology" では, 203 論文 (先に発表された論文の修正やコメントである論文は除く) のうち, RCT 論文が 118 本 (すでに発表された RCT を新たに分析したものを含む), メタアナリシスが 11 本, メタアナリシスではない系統的レビューが 1 本だった。したがって, 掲載された論文の約 59.1% が RCT または系統的レビューという結果であった。その一方, 事例研究は 1 件もなかった。

この結果を見ると, わが国で「臨床心理学」と呼ばれている学問は, アメリカで "clinical psychology" と呼ばれている学問とはもはや同一の学問ではないと言ったほうがよいだろう。わが国の臨床心理学者は, このような惨憺たる現状をきちんと認識し, その対策を真剣に考えるべきである。事例研究については, 外的妥当性に関する問題提起がわずかながらなされることはあるものの, 内的妥当性についての疑念や危険性の認識は希薄である。また, 事例研究の限界を提起する場合, 判で押したように量的研究との相補性が言及されるものの, 事例研究を続けるばかりでいつまでたっても量的研究の頂点である RCT やメタアナリシスが実施される気配すらないのであれば, 補ってばかりで王道たる研究がなされていないことになる。

このような傾向を招いた最大の責任は,「事例研究を中心と考えて実行して」きた学会や大学教育にある。日本の心理学研究法の教科書には, 事例研究をはじめとする質的研究の解説に多くのページが割かれているが, その一方で RCT やメタアナリシスの手続きなどについては, ほとんど記載がない。これではいつまでたっても事

態が改善されるはずがない。

　この惨状を少しでも救済できる方法があるとすれば，それは EBP の実践にこそあると言ってよいだろう。

第5章

ランダム化比較試験（RCT）

　第4章で紹介した研究デザインは，いずれも臨床心理学の研究においてよく見られるものであるが，残念ながらどの研究デザインも内的妥当性や外的妥当性に問題があり，エビデンスを生み出すには適さない。

　一方，これまで繰り返し述べてきた通り，最も信頼の置ける質の高いエビデンスを「つくる」ための研究デザインは，ランダム化比較試験（RCT）であり，臨床試験における黄金律とも呼ばれている（Torgerson & Torgerson, 2008）。

　RCT と聞くと，「難しそうだ」「実施するのが大変そうだ」などという抵抗感を抱くかもしれない。たしかに，RCT を実施するには，いくらかの専門的知識は必要であるが，何も身構えてしまうほど難しいものではない。実際にやってみれば，RCT は特段難しいものではないし，時間や予算がかかるものでもないことがわかるだろう。

　また，自分自身が RCT を実施するのではなくても，今後臨床研究の論文を読む際に，その研究の質を評価するうえで，つまりその研究結果を良質のエビデンスと考えてよいかどうかを吟味するうえで，RCT の手続きを知っておくことは重要である。これから述べる手続きを遵守していれば，その研究は優れた RCT であり，その知見には価値があると言える。

　RCT のデザインはきわめてシンプルであり，主なステップは以下の4段階である。

①リサーチ・クエスチョンを設定する
②参加者をランダムに群分けする
③介入を実施する
④アウトカムを比較する

このような非常にシンプルな手続きによって高い内的妥当性が達成される点が，RCTが最も優れた臨床研究のデザインだとされる所以である。

1 リサーチ・クエスチョンを設定する

RCTに着手する前に，必ず行なわなければならないことは，「リサーチ・クエスチョン」を設定することである。誰を対象として，どのような介入の効果を調べるのかを明確に定めなければ何も始まらない。つまり，これから行なおうとしているRCTによって，どのような臨床疑問を明らかにしたいかを明確化するのである。

PICO

リサーチ・クエスチョンには，必ず以下の4つの要素「PICO」を含まなくてはならない。

P （Participant） ：参加者「誰を対象として」
I （Intervention） ：介　入「どのような介入を」（＝独立変数）
C （Comparison） ：比　較「何と比較したら」
O （Outcome） ：結　果「何がどうなるか」（＝従属変数）

具体的な例を挙げると，「非行少年に対する内観療法には効果が

あるのか」を検証したい場合，以下のような PICO が考えられる。

　　P：少年院入所中の非行少年に対して
　　I：内観療法を行なった場合
　　C：内観療法を行なわなかった場合と比べて
　　O：1 年後の再非行が減少するか

　あるいは，統合失調症患者に対する SST の効果を問いたい場合の PICO の一例は，以下のようになる。

　　P：寛解期の統合失調症患者に対して
　　I：SST を行なった場合
　　C：通常ケアのみの場合と比べて
　　O：3 年後までの再発が抑制されるか

　こうしてリサーチ・クエスチョンが明確になったら，最初の例では，非行少年 100 名をランダムに 2 群に分けて，介入群には内観療法を行ない，対照群には行なわず，1 年間フォローアップをして，1 年後の両者の再非行率を比較するなどの方法が考えられる。
　このとき，さらに検討しなければならない点は，参加者の数（サンプルサイズ）とアウトカムの定義である。

サンプルサイズの計算

　先ほど，非行少年 100 名をランダムに分けると述べたが，この 100 名というのがサンプルサイズである。しかし，実際はきちんと計算をしたうえで，何名のサンプルにするかを決定する必要がある。
　これまで，わが国の臨床心理学論文では，サンプルサイズの設定

根拠について問われることはあまりなかったが，アメリカ心理学会などの論文投稿基準では，サンプルサイズを明確に示すことが求められるようになっている。また，臨床研究をするにあたっては，必ず倫理審査を受けなければならないが，その際，サンプルサイズの根拠を示していなければ，まず審査に通らない。

　サンプルサイズを計算するには，次の3種類の情報が必要となる。それは，①予想される効果量，②有意水準（α），③検出力（$1 - \beta$）の3つである。このうち，②と③は通常設定する値が決まっている。②の有意水準は，その研究でどれくらいの有意水準を設定するかを決め，その値を用いればよいだけの話である。両側検定で$\alpha = 0.01$または0.05とするのが通例であろうから，それをそのまま計算に用いればよい。有意水準を厳しく設定したいのであれば，0.01とすればよいし，一般的には0.05とすればよい。

　③の検出力は，0.8または0.9とすれば，まず問題ない。検出力というのは，真に差があるときに（効果があるときに），それを正しく検出できる統計的な力のことをいうが，その確率を80%にするか90%にするかということである。あまり低く設定してしまうと，実際には差があるのにないという結論（第Ⅱ種の過誤）を導いてしまう危険性が高くなる。

　一番難しいのは，**効果量**の予測である。効果量というのは，介入による効果の大きさを示す統計量のことである。言うまでもなく，これから介入を行なうのだから，その効果の大きさなどわかるはずがない。しかし，それがわからないとサンプルサイズの計算ができない。そこで，通常は類似の先行研究やパイロット研究の結果をもとにして，効果量の推定値を求める。

　だが，そもそもなぜこのようなことをするのか。それは，必要なサンプルサイズは予想される効果量の大きさに依存するからである。

予想される効果（つまり介入によって生じる「差」）が小さいときは，その小さい効果を検出するために，大きなサンプルが必要となる。サンプルが小さいと，サンプル間の誤差に効果が埋もれてしまうからである。そのため，十分なサンプル数がないと，実際は効果があるのに，その小さな効果を検出できず，「効果なし」と結論してしまう恐れがある。これを**第Ⅱ種の過誤**（βエラー）という。

　逆に，根拠もなく大きなサンプルを準備すると，実際は効果がないのに「有意差あり」と結論してしまう。これを**第Ⅰ種の過誤**（αエラー）と呼ぶ。実際，ある程度サンプルサイズが大きくなると，第Ⅰ種の過誤はしばしば生じるので，有意差というものがあまり当てにならなくなる。したがって，真に効果があるときにだけきちんとその効果を検出できるようにするため，予測された効果量，有意水準，検出力という3つの数値から，適正なサンプルサイズを計算する必要がある。

　ここでは計算方法の詳細は専門書に譲り（たとえば，Hulley et al., 2006；山口，2010；Torgerson & Torgerson, 2008），ここでは統計ソフトを用いて簡便にサンプルサイズを計算する方法を紹介する。用いるのは，Stata（ver11.1）である。

①「Statistics」のタブから「Power and sample size」→「Tests of means and proportions」を選択する（対応のあるサンプルであれば「Tests of means with repeated measures」）。

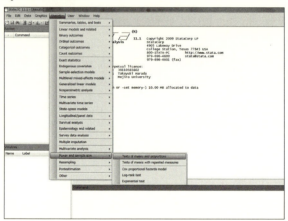

②ダイアログ画面に介入群の平均値（ここでは20とする）と対照群の平均値（ここでは25），およびそれぞれの標準偏差を入れ，「OK」を押す。

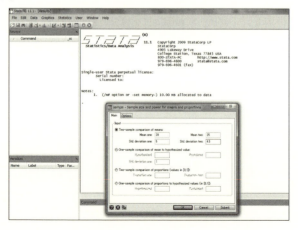

③するとサンプルサイズが計算される。介入群＝ 20，対照群 =20，合計 40 人となった。デフォルトでは両側検定，$\alpha = 0.05$，$1 - \beta = 0.9$となっているので，必要に応じて変更する。

アウトカムの定義

アウトカムの定義は，PICO の設定のなかで，一番重要かつ困難な作業となるかもしれない。アウトカムとは，介入の「結果」生じる変化（差）のことであるから，すなわちこれこそが介入の「効果」である。ここでの作業は，クライエントにどのような変化が生じたら，それを効果と呼べるのか，つまり効果の定義をするわけである（第 2 章「7　EBP や RCT は心理療法の医療化をいたずらに推し進めるものではないか」も参照）。

たとえば，不登校の治療の場合，登校できるようになれば，それが一番の効果であろうが，登校には至らなくても治療へのモチベーションが向上したり，気分が改善されたりすれば，それも立派な効果であろう。

通常は，複数のアウトカムを決めて RCT を行なうが，最も重要で臨床的に意義のある測度を「主要アウトカム」とし，それより重要度は落ちるが治療効果の指標となる測度を「副次的アウトカム」として，最大で 5 つ程度選定する。たとえば，アルコール依存症の治療アウトカムであれば，飲酒の有無，飲酒量，飲酒頻度などが主要アウトカムとなり，飲酒に対する認知，断酒のためのスキル，治療脱落率などが副次的アウトカムになるだろう。

実際の RCT の論文から例を挙げてみよう。Bolton & Perrin (2008)による子どもの強迫性障害への認知行動療法（cognitive-behavioral therapy：CBT）の効果を RCT で検証した論文を読んでみる。DSM-IV によって強迫性障害と診断された 8 歳から 17 歳までの子ども（P）

を対象として，CBT（I）と治療待機群（C）が比較されている。アウトカムは 3 種類あり，いずれも心理尺度を用いて測定されたものである。その心理尺度は次のようなものである。

- 子ども・親用不安障害面接スケジュール（ADIS-C/P）（構造化面接による評定）
- 子ども用エール・ブラウン強迫性障害尺度（CY-BOCS）
- 子ども用強迫性障害尺度（CHOCI）

つまり，介入によってこれらのスコアがどれだけ変化したかを見るということである。

別の RCT を見てみると，Feinfield & Baker（2004）は，問題行動を呈している子どもとその家族（P）への包括的療法（親子共同および単独の問題解決訓練，アンガーマネジメント，スキル訓練など）（I）が，子どもの行動に及ぼす効果を，治療待機群（C）との比較によって検討している。そこでは，少し多いが 15 種類におよぶアウトカムが測定されている。主要アウトカムとしては，子ども行動チェックリスト（CBCL）が用いられ，副次的アウトカムとして，親のストレス，治療満足度などが質問紙などを用いて測定されている。

2 参加者をランダムに群分けする

さて，ここからが実際の RCT の手続きである。まず行なうべきステップは，研究参加者をランダムに 2 つ（またはそれ以上）の群に分けることであり，一方の群に効果を検証したい介入を実施し（介入群または実験群），もう一方には別の介入を実施する（対照群ま

たはコントロール群）ことである。対照群には，何も介入をしない場合もあれば，プラセボを用いたり，介入群とは異なった介入を用いたりする場合もある。

　ここで，用語について注意をしておきたい。心理学の分野では，しばしば対照群を指して「統制群」という用語が用いられることがあるが，これは心理学分野（および社会学分野の一部）でしか用いられていない明らかな誤訳である。翻訳家であり科学ジャーナリストでもある垂水（2009）は，「心理学関係の訳語に無神経で直訳的なものが多いのには困る」と述べ，「統制群」という訳語にはじめて出会ったときは「仰天した」と述懐している。

　「統制群」は"control group"の訳であるが，controlには「1. 支配する，統制する，監督する　2. 照らし合わせる，比較対照する」などの意味がある。RCTにおいては，"control group"に何かの統制をするわけではなく（無作為に分けるのであるし，その群には場合によっては無介入の場合すらある），介入群との比較対照のために設置する群であるわけだから，もちろん2の意味で用いられている。RCTのCもcontrolledの略であり，ランダム化「比較」試験という訳語があてられている（ランダム化「統制」試験ではもちろんない）。たしかに，RCTの場合は交絡が「統制」されているため，統制群でも良さそうに思われたのかもしれないが，不等価2群実験など交絡が何も統制されていない場合でも統制群と呼ばれていることからも，この用語が誤りであることがわかる。

　他分野の研究者と話をする際に，「統制群」などという間違った用語を用いると恥ずかしい思いをすることになる。この誤訳がかくも長く用いられつづけていることは，心理学における学際的な研究の欠如を如実に示しているとも言えるだろう。

　また，ランダム化という用語も，しばしばランダム・サンプリン

グと混同して使われることがある。ランダム化とは，繰り返し述べてきたように，バイアスを最小限にして内的妥当性を最大限にするための手続きである。一方のランダム・サンプリングとは，母集団を代表するサンプルを偏りのないように選抜するための方法であり，外的妥当性を高めるための手続きである。いずれも実験においては重要なものであるが，両者は概念も手続きもまったく異なっている。

ランダム化の方法①——単純ランダム化

ランダム化（ランダム割り付け）には，実にさまざまな方法がある。一番単純なのは，参加者全員にサイコロを振ってもらったり，くじを引いてもらったりして，偶数であれば介入群，奇数であれば対照群というように分ける方法である。あるいは，コンピュータで乱数表を作成し，参加者に乱数を割り振った後，同様に群分けする方法もある。3群の場合は，3の剰余類を用い，乱数を3で割ったあまりが0なら群1，1なら群2，2なら群3などと分ければよい。このように参加者を無作為に割り付ける方法を**単純ランダム化**という。

ここで注意すべきは，出席番号やカルテの番号，誕生月などで群分けするべきではないということである。これらには規則性があったり，隠れた交絡因子が潜んでいたりする可能性があり，まったくのランダムというわけではないからである。

何よりも問題であるのは，このような規則性のある方法で群分けすると，参加者が群分けの基準を予測できるので，前もって自分が介入群なのか対照群なのかがわかってしまう可能性があるということである。もし，介入群に入りたいと思っている者が，自分のカルテ番号が奇数なので対照群になるとわかれば，それを理由に参加を辞退してしまうかもしれない。こうしたことがあちこちで生じれば，モチベーションの高い人ばかりが介入群に集まり，そうでない人ば

かりが対照群に集まるなどという結果を招くおそれがある。モチベーションは，結果に大きな影響を及ぼす可能性があるため，交絡要因となってしまう。

　別の可能性としては，研究者がカルテ番号から「この人は介入群になりそうだ」とわかったとき，もしその患者が何らかの理由で研究者にとって歓迎すべき参加者でないような場合（たとえば，症状が重すぎる，アドヒアランスが悪そうだ，モチベーションが低そうだなど），意図的あるいは無意識的に，その患者を研究に誘わなかったり，参加したとしても参加を辞退するように働きかけたりすることが生じる可能性もある。そうすると，研究者にとって望ましい患者ばかりが介入群にそろってしまうという偏りが生じ，これも大きな交絡要因となる。

　均等な2群をつくることがランダム化の目的であるにもかかわらず，上記の例ではいずれも，研究参加者に偏りが出て，選択バイアスの脅威を持ち込んでしまうことになる。このようなことが生じる可能性を排除するために，規則性のある方法や割り付けが予測できるような方法で参加者を割り振ることは避けなければならない（とはいえ，カルテ番号などをもとに参加者を群分けする試験がまったくないわけではなく，そのような試験は，準ランダム化試験と呼ばれている）。

ランダム化の方法②──ブロックランダム化

　ランダム化の手続きにおいては，単純ランダム化が最も簡便かつ望ましい方法であるが，この方法では，偶然によって両群の参加者数に偏りが生じる可能性を完全に排除できない。特に，参加者数が少ない小規模な研究のときはそうである。

　たとえば，コインを投げてその表裏がどのように出るかやってみ

112　第2部　エビデンスをつくる

よう。100回以上も投げれば，おそらくは表裏の確率は50％ずつに
なるであろうが，10回ではなかなかそうはいかないだろう。場合
によっては，次のような出方になることもあるだろう。

表　表　表　裏　表　表　裏　表　表　表

　この場合，表8，裏2となり，介入群8人，対照群2人のような，
かなり偏った割り付けになる。人数だけでなく，性別や症状の重さ
など独立変数以外で従属変数に影響を及ぼす可能性のある変数（**共
変量**）も偏ってしまう可能性がある。たとえば，介入群が男性ばか
りになってしまった，重症患者ばかりになってしまったなど，といっ
た場合である。
　このような事態をあらかじめ回避するための方法が，**ブロックラ
ンダム化**と**層化**という手続きである。ブロックランダム化は，主に
人数の偏りを最小限にするための方法で，層化は重要な共変量の偏
りを最小限にするための方法である。まず，ブロックランダム化に
ついて説明する。
　単純ランダム化では，参加者が10人しかいないような小規模な
試験の場合，群の人数に偏りが出る可能性が大きいことは，先ほど
コインの例で示した通りである。では，この10人を4人ずつに区切っ
て，この小さい枠（ブロック）のなかでランダム化すればどうだろ
うか。10人であれば，4人，4人，残り2人と区切ることができる。
このとき4を均等にA（介入群），B（対照群）に割り付けるとすれ
ば，その組み合わせは，以下の6通りになる。

　①AABB　②ABAB　③ABBA　④BAAB　⑤BABA　⑥BBAA

このどれを選ぶかを，サイコロでも乱数表でもよいので，ランダムな方法で決定する。もし，サイコロを振って3が出たとすると，最初の4人を「③ABBA」と割り付ける。次に5が出たとすると，次の4人を「⑤BABA」と割り付ける。次に2が出たとすると「②ABAB」と割り付ける。ただし，もう残りの参加者は2人しかいないので「AB」でおしまいである。その結果，新たな割り付けは次のようになる。

A　B　B　A　｜　B　A　B　A　｜　A　B

すると，A（介入群）5人，B（対照群）5人ときれいに人数のバランスが取れた。もし，3回目のサイコロの目が1または6になった場合，「①AABB」または「⑥BBAA」という割り付けになり，最後に残った2人は「AA」または「BB」と割り振られることになる。その場合，全体では次のようになる。

A　B　B　A｜B　A　B　A｜A　A
A　B　B　A｜B　A　B　A｜B　B

その結果，A6人B4人，またはA4人B6人と少々バランスを欠いた割り付けになってしまう。しかし，単純ランダム化ほどの極端な不均衡にはならない。

このように，参加者を小さな「ブロック」に区切って，ブロックごとに割り付ける方法を**ブロックランダム化**と呼ぶ。ブロックのサイズは，群の数の2倍以上の整数倍とすることが通常であり，2群の試験であれば4が最小ブロックである。ブロックサイズが小さいと，割り付けが予測できる（たとえば，ブロックサイズ4のと

き，AA と続けば次は BB だと簡単に予測できる）という欠点があり，大きすぎると単純ランダム化と大差なくなってしまう。

ブロックランダム化の最大の長所は，群間の参加者数の均衡が保てることであり，まったく同数にはならなくても，人数の差を最大でブロックサイズの半分（ブロックサイズが4であれば，2人）以内に収めることができる。

ランダム化の方法③——層化

群間で人数の偏りを抑えることよりもっと重要なのは，群間の共変量の偏りを最小限にすることである。たとえば，心理療法 A と心理療法 B の効果の差を比較する場合，単純ランダム化では偶然によって，A 群に男性ばかり，B 群に女性ばかりが偏ってしまうという可能性がある。あるいは，症状の重い人がどちらか一方の群に偏ってしまうという事態も予想できる。性別や症状の重さは，従属変数（この場合は，心理療法の効果）に影響を及ぼす可能性のある変数であり，これが上記の例のように偏ってしまえば，大きな交絡要因となってしまいかねない。統計解析の過程で，これらの影響を統計的に調整することも可能であるが，前もってこれらの交絡要因を統制することがより望ましく，そのための手続きが**層化**である。

たとえば，性別の影響を排除したければ，参加者をあらかじめ男性と女性に分ける。このそれぞれを「層」と呼ぶ。すなわち，男性の層，女性の層というわけである。そして，男性だけでランダム化，女性だけでランダム化をそれぞれ行なうことによって，両群に男女ができるだけ均等になるようにする。通常，ブロックランダム化も併用して行なうことが多い。そうすることによって，両群の男女比が均等になる可能性も，より高めることができる。

また，症状によって層化したい場合は，介入前に症状の重さを

第5章 ランダム化比較試験（RCT）　115

表 5.1　症状の度合いによる層化

層	割り付けの例	結果
軽症	AABABBAAAB	A 6 人　B 4 人
中程度	ABBAABABBB	A 4 人　B 6 人
重症	BABBABBAAA	A 5 人　B 5 人

	軽症	中程度	重症	合計
A 群	6	4	5	15
B 群	4	6	5	15

適切な質問紙などで測定し（これを「ベースライン測定」という），その結果によって症状の重さを「軽症」「中程度」「重症」などという 3 つの層に分け，それぞれの層のなかでランダム化を行なうなどの方法がある（表 5.1）。

ランダム化の方法④──クラスターランダム化

　これまで述べてきた方法は，個人をランダムに割り付ける方法であったが，研究によっては個人ではなく，クラス，学校，病院などの集団をひとまとめにして集団単位でランダム化する方法もある。これを**クラスターランダム化**という。たとえば，新しい心理療法を実施したいが，病棟のなかで，ある患者には新しい心理療法を行ない，別の患者には既存の心理療法を行なうということが難しい場合もあるだろう。その場合は，病棟の患者をひとまとめにして，ランダム化を行なえばよい。病棟が 10 ある場合，ランダムに病棟 1 を A，病棟 2 を B，病棟 3 を B などというふうに，個人ではなく病棟を一塊にしてランダムに割り付けていく。

　これは多施設試験のような大規模な RCT でよく用いられる方法

であり，施設を1つのクラスターとしてランダム化するのである。長所としては，各施設内では患者に同一の治療法を実施できるので，参加者の不平等感や**ホーソン効果**（治療そのものよりも，新しい治療を受けているという意識が結果に影響を及ぼすこと）などを抑制できる。また，介入群の患者が対照群の患者に治療内容を教えてしまい，対照群の患者が意図せずに新しい心理療法を試してしまうなどの望ましくない事態（これを**汚染**と呼ぶ）を回避することができる。

短所としては，個人単位のランダム化以上に多くの参加者が必要となる点が挙げられる。通常，同一のクラスや病棟，施設にいる人々は，何らかの共通の属性を共有していることが多い。そうした交絡の影響を薄めるためには，より多くの参加者が必要となるからである。極端な例を挙げれば，クラスターが2つしかなく，Aクラスに新規治療，Bクラスに既存治療という割り付けをすれば，それはもはやランダム化試験ではなく，単なる不等価2群比較試験となり，治療効果がクラス独自の属性（選択バイアス）によって交絡される。このため，クラスターを可能な限り多く用意し，選択バイアスなどの交絡要因の影響を抑制できるだけの参加者数を準備することが必要になる。

ランダム化の隠匿

ランダム化の手続きにおいて重要なのは，参加者をランダムに群に割り振るという点だけではない。そのランダム割り付けの手順を，参加者や研究者に隠匿しておくことも重要である。したがって，ランダム割り付けを行なう際の乱数表の作成やブロック割り付けなどは，第三者たる研究協力者に依頼することが適切である。

研究者本人がランダム割り付けをしたならば，意識的あるいは無意識的に，望ましい参加者を介入群に割り振ってしまうということ

が生じかねない。あるいは，そう疑われたとしても，「潔白」を証明することは不可能であり，いたずらに試験の質を落としてしまうことになってしまう。

たとえば，新しい治療法の評価をする際に，新しいクライエントが来るたびに研究への参加を依頼する場面を想定してみよう。もし研究者が，次の割り付けは介入群だとあらかじめ知っていた場合，そのクライエントの症状が重そうだったり，参加意欲が低そうだったりした場合，「介入群には入れたくないな」という気持ちになる可能性がある。そうすると，そのクライエントを試験に誘わなくなるという事態も考えられなくはない。その結果，研究者から見て望ましいクライエントばかりが介入群に入ることになり，選択バイアスが生じてしまう。

では，望ましい割り付け隠匿の方法にはどのようなものがあるだろうか。たとえば，新しいクライエントが来た時点で直ちに参加候補者とし，第三者たる割り付け担当者に電話をして割り付けを聞き，その後でクライエントに研究参加を依頼する。同意が得られたならば，試験に組み入れるという方法がある。あるいは先に同意を取っておいて，同意が得られた後に，割り付け担当者に割り付けを聞くという方法もある。

3　介入を実施する

さて，2群に分けた後，次に介入を行なうのだが，その前にベースライン測定をする。ベースライン測定とは，介入前の参加者に対し，アウトカムの測定をすることである。たとえば，うつ病に対する認知行動療法の試験であれば，参加者を試験に組み入れた時点で，質問紙などで抑うつの程度，感情統制スキルなどのアウトカム

を測定する。この時点では，介入群と対照群のスコアの平均に有意差はないはずである。そして，介入実施後に再度同じアウトカムを測定し，その差を比較することとなる。ただし，きちんとランダム化がなされていれば，介入前の両群に差がないのは当然であるため，ベースライン測定は不要だという意見もある（Torgerson & Torgerson, 2008）。とはいえ，やはり確認のために，そして各群の介入前後の比較のために（群内差），ベースライン測定は行なっておいたほうがよいだろう。

次に，いよいよ介入の実施である。介入群には評価の対象としている介入，対照群には比較したい介入を定められた通りに実施する。それは，認知行動療法と精神力動療法の比較であったり，心理療法と薬物療法の比較であったり，リサーチ・クエスチョンに応じてさまざまである。また，対照群を**治療待機者**（waiting-list control）とする場合や，それまで通常に行なわれていた既存治療（treatment as usual : TAU）とする場合もある。治療待機者との比較では，介入群には治療を実施し，対照群は試験が終了するまでの間，文字通り治療を待ってもらい，その間は無介入などとする。そして，試験終了後に介入群の治療を行なうような研究デザインである。多少の時間待ってもらうことにはなるが，いずれの群の参加者にも同じ治療を行なうため，不公平感が少ないというメリットがある。一方，対照群にもすぐ後に同じ治療を行なうので，アウトカムを長期間フォローアップができないというデメリットがある。

薬の治験では，対照群にプラセボを投与するのが一般的であるが，心理療法ではプラセボ療法というのはなかなか難しい。とはいえ，まったく不可能ではない。たとえば治療を意図していない面接（事実関係だけを一方的に話してもらう），心理教育（疾患に対する知識を与えるだけ），集団討議などをプラセボ療法として用いるこ

とは可能である。

盲検化

　介入実施の際に重要な手続きが，**盲検化**（ブラインド化，マスキング）である。これは薬の治験のような RCT においては徹底されるが，心理療法の試験の場合は困難であることが多い。盲検化とは，自分がどの群に割り振られたのかを参加者自身がわからないようにする手続きのことである。たとえば，新薬をプラセボと比較するような試験の場合，参加者が自分が服用しているのがプラセボであるとわかれば，意気消沈して症状が悪化してしまうかもしれないし，試験から脱落してしまう可能性もある。逆に，自分が新薬に当たったとわかった参加者は，それだけで症状が改善するかもしれない。こうなってしまえば，ここでは薬の効果を検証することが目的であるのに，それ以外の要因が交絡してしまう。この例では，参加者の振る舞いが交絡要因となってしまうと考えられ，これを**パフォーマンス・バイアス**という。このように，盲検化とは，パフォーマンス・バイアスを防止するための手続きである。プラセボ対照試験の場合は，当然参加者には群の割り付けを教えないし，プラセボもまったく新薬と同じ形状に作り，見た目ではどちらがどちらなのかわからないようにすることで盲検化を行なう。

　心理療法の場合，参加者に「あなたはどちらの群です」と教えないことで盲検化をしようとしても，他の群の参加者が受けている介入と，自分が受けている介入が違うことは，たいていの場合わかってしまう。したがって，参加者を盲検化することは困難である。外科手術の RCT なども参加者の盲検化が困難な例のひとつである。とはいえ，工夫次第で参加者の盲検化が可能な場合もある。外科手術の場合は，あたかも手術をしたように「偽の手術」をする場合も

あるし，心理療法の場合でも対照群には，先ほど述べた通り心理教育的な介入を行なったり，集団討議を行なったりして，それを一見「治療」のように見せかけることはできる。

ランダム化への誤解

第2章でも述べたが，RCT に対する批判として，「対照群に治療を行なわなかったり，新薬があるのに古い薬を与えたりするのは非倫理的ではないか」という意見をよく聞く。しかし，これは正しくない。RCT は，その治療に効果があるかないかがまだわからないので，むしろそれを検証するために行なうものだからである。また，その治療には潜在的な害があるかもしれない。したがって，介入群の参加者は，益を受ける可能性もあれば，害を受ける可能性もある。対照群の患者は，益を受ける可能性はないが，害を受ける可能性もない。そして，参加者はどちらの群に割り振られるか，その確率はみな 1/2 で平等である。

別の批判として，「害があるかもしれない介入を行なうのは，人体実験のようなもので，非倫理的だ」という意見もあるかもしれない。だが，これもまた正しくない。RCT は必ず倫理審査委員会の審査を経て行なわれる。倫理審査の承認を得て行なわれる臨床試験は，人体実験ではない。とはいえ，生身の人間を対象として，「実験」を行なっている点は否定できない。しかし，どのような治療であれ，最終的には効果や安全性の確認のため，必ずヒトを対象にした臨床試験を行なうことは避けて通れない。なぜなら，臨床試験を行なわないまま，効果も害も不明な治療を行なうことのほうが，はるかに危険であり，非倫理的であるからだ。

4 アウトカムを比較する

　介入が終了したら，アウトカムの比較を行なう。そして，その
データが貴重なエビデンスとなるわけである。介入実施前にベース
ライン測定を行なっている場合は，同じ測定を再度行なうことにな
る。また，介入終了直後に測定する場合もあれば，期間を置いてフォ
ローアップし，複数回測定する場合もある。これはリサーチ・クエ
スチョンや研究目的によってさまざまである。

アウトカム評定の盲検化

　ここでまた，盲検化が必要になる。心理療法の RCT では参加者
の盲検化は困難であるが，その場合でもアウトカム評定を盲検化す
ることは可能であるし，必ず行なうべきである。たとえば，うつ病
に対する認知行動療法の試験を実施する場合，治療後にアウトカム
評定として抑うつ質問紙を参加者に配布して記入してもらうとする。
その採点の際に，評定者が「この質問紙は認知行動療法群の参加者
のもの」「これは対照群のもの」などとわかってしまえば，採点が
意図的ではないにしろ，甘くなったり辛くなったりする可能性があ
り，それがバイアスとなってしまう。このような事態を避けるため
に，アウトカム評定を盲検化するのである。参加者と評定者（研究
者）の双方を盲検化する場合を**二重盲検化**（ダブル・ブラインド化）
と呼ぶ。一方，参加者は盲検化できなかったが，アウトカム評定を
盲検化したような場合は，**単純盲検化**または**一重盲検化**という。

　アウトカム評定の盲検化のためには，参加者を**匿名化**すればよい。
参加者を試験に組み入れる際に，参加者リストを作り，ID 番号を
付与する。質問紙には，その ID 番号のみを記載し，氏名など本人
が特定できる情報を記載しなければ匿名化ができる。ただし，採

点後にその ID から参加者の群（介入群／対照群）がわからないと，比較ができず研究が成り立たないので，参加者リストには，ID 番号とその番号を付与された参加者の氏名，振り分けられた群に関する情報などを書いておいて，必要なときに ID と参加者の情報を結び付けることができるようにしておく。このような匿名化の方法を，**連結可能匿名化**という。重要な点は，アウトカム評定者には，このリストは見せないようにするということだ。

ITT 解析

　ところで，介入の際に参加者が脱落してしまった場合，どうすればよいだろうか。参加者の脱落は，実際とてもよく見られる現象である。特に，心理療法のように介入が長期間に及ぶような試験の場合や，フォローアップ期間が長いような試験の場合はなおさらである。

　このような場合でも，必ず試験開始時に，参加者に対して，もし治療をやめたとしてもアウトカム評定には協力してくれるようにきちんと説明し，同意を得るようにすべきである。長い介入に付き合うのが嫌で脱落した参加者も，質問紙への回答であれば協力してくれる場合が少なくない。

　とはいえ，脱落した者からデータを取っても，肝心の治療を受けていないので意味がないのではないかと思うかもしれない。あるいは，そのデータを対照群のデータをして扱えばいいのではないかと思うかもしれない。しかし，いずれの考えも間違っている。

　脱落した者からも，できる限りアウトカムデータの収集をし，それをもとの群のまま解析するようにしなければならない。脱落した者を除外して，治療完了者だけのデータを解析したのでは，それは偏ったサンプルとなってしまう。治療完了者は，モチベーションが高い者ばかりであったり，症状が軽い者ばかりであったりするかも

しれない。あるいは，共通する未知の特性をもった者ばかりであるかもしれない。だとすると，このような者ばかりのデータを取ったのでは，選択バイアスの脅威にさらされることとなる。

また，もとの割り付けと違った群に入れてしまうことも避けなければならない。せっかく均等な2つの群に割り付けたのに，脱落者を対照群に入れてしまうと群が均等でなくなってしまう恐れがあり，これもまた選択バイアスを生じさせてしまう。たしかに，治療を完了していない者を「治療群」として扱うことは一見不合理であるし，治療効果を希釈してしまう結果となるが，RCTの鉄則は「均等な2群の比較をする」ということである。これは絶対に守らなければならない。たとえ，そのなかの何人かが意図した介入を受けていなくても，そしてその結果介入効果が希釈されてしまっても，それが現実であり，そのことも含めて「治療効果」と考えるべきなのである。

脱落者をも含めて最初の割り付けのままデータの解析をすることを，**ITT解析**という。ITTとは intention to treat の略で，無理に訳せば「治療意図のままの解析」となるだろう。脱落者も当初は治療の意図があったため，別の群に組み入れず，その意図のまま解析するということである。

効果量の算出

最後に，アウトカムデータをもとにして，効果量を算出する。アウトカムの種類は，試験によってもちろんまちまちであるが，たとえば，血圧，質問紙スコアなどは，連続した数値のなかからどの値でも取る可能性があるため，**連続変数**と呼ぶ。一方，病気が良くなった／良くならなかった，不登校の児童が学校に行った／行かなかった，アルコール依存症患者が断酒した／断酒しなかった，などのようにイエス／ノーあるいは1か0で表わされるようなアウトカムも

ある。これは2つの値しか取らないため、**二値変数**と呼ぶ。

RCTの結果は、その効果の大きさを算出することが重要である。また、副作用など害の「ある／なし」と、その大きさを知ることも重要になる。効果と害を比較考量する必要があるときに、できるだけ効果（益）を大きくし、害を少なくすることが求められるからである。

効果の大きさを表わす際には、**効果量（effect size）**という統計量を用いて定量的に表わすようにする。これもこれまでわが国の臨床心理学研究ではあまり行なわれてこなかったが、今後ますます必要になってくる手続きである。効果量を表わす際に用いられる単位には実にさまざまなものがあるが（水本・竹内、2008；大久保・岡田、2012）、通常よく用いられる効果量の単位として、連続変数であれば**標準化平均差（standardized mean difference：SMD）**、二値変数であれば**リスク比（risk ratio：RR）**などがある。

標準化平均差とは、2つの異なった介入（たとえば、薬剤Aとプラセボ、心理療法Aと心理療法B）を比べたときのアウトカムの差を標準偏差で除したものをいい、代表的なSMDであるCohen's dという効果量は、以下のような式で表わされる。分母は両群のプールした標準偏差、つまり両群の得点を一緒にまとめて求めた標準偏差である。また、分子が両群アウトカムの差を表わす。

$$d = \frac{M1 - M2}{Sp}$$

d＝標準化平均差効果量（Cohen's d）
M1＝介入群のスコアの平均値，M2＝対照群のスコアの平均値
Sp＝両群のプールした標準偏差

例を挙げると，RCT によって心理療法 A を 100 名のクライエントに行なった結果，うつ病検査のスコアの平均が 50 点，心理療法 B を別の 100 名のクライエントに行なった結果，40 点だったとする。そして，標準偏差が 10 だったとすると，次のようになる。

$$d = \frac{50-40}{10} = 1$$

　単純にスコアの差が何点あったと言われても，それが大きい差なのか小さい差なのかは，尺度によって違うので一概にはわからない。標準偏差を単位として，その何倍の差なのかということで効果の大きさを表わしたほうがわかりやすい。このように，標準化したスコアの差によって効果量を表わすのが，標準化平均差という効果量である。

　次に，二値変数の効果量である。リスク比は，両群のアウトカムの比のことである。簡単に言うと，好ましくないアウトカム（リスク）が生じる割合の大きさを両群で比較した場合の数値である。ある治療を行なったときに，「治る／治らない」という 2 種類のアウトカムを用いて効果を検討するのが二値変数アウトカムであるが，介入群の「治らない割合」と対照群の「治らない割合」を比較して，どちらの割合が大きいかを基準にして効果の大きさを求める。介入群のアウトカムの割合を P_1，対照群を P_2 とすると，以下のように計算できる。

$$RR = \frac{P_1}{P_2}$$

RR＝リスク比（risk ratio）
P_1＝介入群のリスクの割合，P_2＝対照群のリスクの割合

　先ほどの例をもとに実際に計算すると，介入群の「治らない」というアウトカムの割合が60％（0.6），対照群は80％（0.8）だったとする。この場合，次のようになる。

$$RR = 0.6/0.8 = 0.75$$

　RR = 0.75 ということは，対照群と比べて介入群のほうが治らないリスクが75％である，つまりそれだけ介入群の治療効果が大きいということを示している。両群のリスクが同じだと RR＝1.0 となり，このときは両群に差がなく，介入に効果がないということである。RR が小さくなるほど，効果は大きいということになる。ただし，実際の研究では悪いアウトカムでなく，良いアウトカム（この例では「うつ病が治る」）の割合を比較する場合もある。その場合，文字通り「リスク」を比較しているのではないが，文字通りの言葉の意味にとらわれるのではなく，この研究ではどのようなアウトカムを比較しているのかに注意して，RR の意味するところを理解すればよい。念のために追記すれば，「良いアウトカム」の差を比べた場合，RR の値が大きくなるほど効果が大きいということになる。
　このほか，代表的な効果量とその大きさの理解の目安については，表5.2 を参照していただきたい。
　わが国の臨床心理学の論文では，p 値の報告（つまり，統計的有

表 5.2 効果量の種類と大きさの目安

使用される検定	効果量の指標	効果量の目安		
		小	中	大
相関分析	r	0.1	0.3	0.5
重回帰分析	R_2	0.02	0.13	0.26
t 検定	r	0.1	0.3	0.5
	d	0.2	0.5	0.8
一元配置分散分析	η^2	0.01	0.06	0.14
二元配置分散分析	η^2	0.01	0.06	0.14
カイ 2 乗検定（2 × 2）	ϕ	0.1	0.3	0.5
マンホイットニーの U 検定	r	0,1	0.3	0.5
ウィルコクスン符号順位和検定	r	0.1	0.3	0.5

（水本・竹内（2008）をもとに作成）

意差の有無）は日常的に行なわれるが，効果量の報告がされることはきわめて稀である（大久保・岡田，2012）。しかし，いわゆるトップジャーナルと言われるインパクトファクターの大きな海外の一流学術誌では，効果量の報告が義務づけられており，それがなされていないと査読でリジェクトされる。心理学系の論文でも American Psychological Association（2009）の "Publication Manual（6th ed）" では，効果量とその信頼区間の報告が求められている。

効果量の報告が必要なのは，p 値では効果の「ある／なし」はわかっても，効果の大きさがわからないばかりか，p 値はサンプルサイズに依存するからである。そのため，先述の通り，サンプルサイズの大きな研究では，真の効果がなくても，帰無仮説を棄却し，「有意差あり」という誤った結論を下してしまうことがある（**第 I 種の過誤**，αエラー）。逆に，サンプルサイズが小さいときは，真の効果はあっても効果なしという誤った結論を下してしまう可能性があ

る（**第Ⅱ種の過誤**，βエラー）。

さらに，効果量の報告がされていないときは，メタアナリシスを行なう際にその研究を統合することができなくなるなどの問題がある。メタアナリシスは，同一または類似のリサーチ・クエスチョンに基づいた複数の研究を統計的に統合するものであるが，具体的に何を統合するかと言うと，効果量を統合するのである。それによって，ある介入の効果をより正確に示すことを目的としている。したがって，効果量がきちんと報告されていない研究は，そもそもメタアナリシスの対象とはならなくなる。

効果量の報告とあわせて重要なのは，**信頼区間**（confidence interval：CI）を報告することである。信頼区間としては，慣習的に95%信頼区間を用いることが多いが，これは95%の確率で母集団の真の値が含まれる可能性のある区間のことを指す。効果量が1つの値で真の効果を推定しているため，これを**点推定**というのに対し，信頼区間は**区間推定**と呼ぶ。

信頼区間は狭いほうが望ましい。95%の確率で効果量は10から100の間にあるという場合と，10から12の間にある場合とでは，どちらが真の効果量についての目安がつきやすいかは言うまでもなく明らかである。ばらつきが大きくサンプルサイズが小さい場合は，信頼区間の幅が広くなるし，メタアナリシスのようにサンプルサイズが大きくなれば，信頼区間の幅が狭くなる。

標準化平均差の場合，その95%信頼区間が0をまたいでいなければ，その効果量は有意である。またリスク比やオッズ比の場合は，信頼区間に1が含まれていなければ有意である。標準化平均差の信頼区間が0をまたぐということは，効果量が「ゼロ」になる可能性があるということである。同様に，リスク比の信頼区間が1をまたぐということも，効果量が1になる可能性があることを意味してい

る。つまり，介入群と対照群のリスクが同じ（差がない）ということであり，これも効果ゼロを意味しているからである。

5　RCTの登録と報告

　ここまでRCTを行なうための方法を述べてきたが，これに加えてRCTの登録と報告という重要な手続きを最後に説明する。

臨床試験登録

　RCTを実施することが決まったら，最初に行なわなければならない手続きが臨床試験の登録である。RCTという貴重な研究は，人類共通の財産である。したがって，これを公にすることには重要な意義があり，それは研究者の責務でもある。さらに，登録をすることで研究者に縛りをかけるという目的がある。何を縛るかというと，一旦決めた試験プロトコールを勝手に変えないようにすること，試験を行なったら必ず最後まで遂行し，その結果を報告するということである。

　臨床試験登録の際には，研究者名，試験名，PICO，ランダム化の方法，盲検化，層化，ブロック化，目標サンプルサイズ，倫理審査を受けた委員会名などの詳細情報を登録しなければならない。RCTを実施する過程で，参加者が思ったように集まらなかったり，期待していた成果が上がりそうになかったりした場合，都合良くプロトコールを変更してしまっては，試験にバイアスを持ち込むことになってしまう。これを避けるためにも，プロトコールを公開することはきわめて重要な手続きである。

　また，試験結果を報告することもきわめて重要なプロセスである。しかし，現実的な話をすれば，ネガティブ試験（有意差が見出され

なかった試験）は，名のある学術誌からはリジェクトされることが多い。それはそれで問題であるが，報告をすることまでが研究のステップであることを，RCT 実施者は肝に銘じておく必要がある。したがって，リジェクトされたなら次善の策として，ハードルの低い学術誌に投稿するなどの方法を検討しなければならない。

では，ネガティブ試験の公表をしないことが，なぜ問題なのだろうか。これは，特に系統的レビューを行なう際に問題となってくる。その際に，ポジティブ試験しか世の中に出ていないのでは，せっかく RCT を網羅的に集めようとしても，「効果あり」ばかりを拾い上げてしまい，現実には「効果なし」の RCT があったとしても，その結果が反映されないこととなる。そうすれば，その系統的レビューは検証対象の介入の効果を過大に見積もってしまい，結果にバイアスが持ち込まれてしまう。このようなバイアスを**公表バイアス（publication bias）**と呼ぶ。臨床試験の登録は，公表バイアスを未然に防止しようとする重要な意義がある。

わが国で RCT を登録しようとする場合，最もよく利用されているのは，大学病院医療情報ネットワーク研究センター（University hospital Medical Information Network center：UMIN）による臨床試験登録システム（UMIN-CTR）である（http://www.umin.ac.jp/ctr/index-j.htm）。図 5.1 は，私が実際に行なった RCT の登録画面である。

臨床試験の報告

臨床試験を報告する手段は，学会発表，論文執筆などがあるが，ここでは論文化する際のルールについて述べたい。臨床試験を報告するためには，国際的に定められたルールがあり，プロトコール段階からそれを熟知しておくことが必要である（中山・津谷，2008）。

最も古く最も重要なルールは **CONSORT 声明**（Consolidated

図 5.1　臨床試験登録

Standards of Reporting Trials Statement）である。EBM では，最新最善のエビデンスを利用することが重要であり，RCT に最も信頼が置かれているが，そうはいっても RCT にも質の高いものもあれば，そうでないものもある。研究デザインと報告の質が低い RCT には，さまざまなバイアスの脅威があるため，効果が誇張される恐れがあり，ヘルスケアにおける誤った意思決定を導いてしまう（Schulz et al., 2010；津谷ほか，2010）。そのため，RCT の報告に一定の質を担保することを目的とし，厳格に報告すべき項目をまとめたものがCONSORT 声明（2010）のチェックリストである（表 5.3）。

　CONSORT 声明は，最初に発表された後，2 度にわたって改訂されたほか，クラスターランダム化試験のための CONSORT 声明（Campbell et al., 2004），観察研究の報告の質を高めるためのSTROBE 声明（von Elm et al., 2008），社会科学分野の RCT 報告の質

表5.3 CONSORT声明（2010）チェックリスト（抜粋）

論文のセクション	チェック項目
タイトル・抄録	タイトルにランダム化比較試験であることを記載
はじめに	
背景・目的	科学的背景と論拠の説明 特定の目的または仮説
方法	
参加者	参加者の適格基準，データが収集された場面と場所
介入	再現可能となるような詳細な各群の介入
アウトカム	事前に特定され明確に定義された主要・副次的アウトカム
サンプルサイズ	どのように目標サンプルサイズが決められたか
ランダム化	
割り付けの作成	割り付けを作成した方法，割り付けのタイプ
割り付けの隠匿	隠匿されていたか，どのようなメカニズムを用いたか
割り付けの実施	誰が割り付けを作成し，参加者を組み入れ，割り付けたか
盲検化	誰がどのように盲検化されていたか
統計的手法	主要・副次的アウトカムの群間比較に用いられた統計的手法
結果	
参加者の流れ	各群について，ランダム割り付けされた人数，意図された治療を受けた人数，主要アウトカムの解析に用いられた人数（フローチャート）
ベースライン・データ	各群のベースラインにおけるデモグラフィック・データ，臨床的特性
解析された人数	各群について，それぞれの解析における参加者数，ITT解析であるか
アウトカムと推定	各群の結果，介入の効果量の推定とその精度（95%信頼区間など）
害	各群のすべての重要な害，または意図しない効果
考察	
限界	試験の限界，可能性のあるバイアスや精度低下の要因，解析の多重性
一般化可能性	試験結果の一般化可能性（外的妥当性，適用性）
解釈	結果の解釈，有益性と有害性のバランス，他の関連するエビデンス
その他の情報	
登録	登録番号と試験登録名
プロトコール	可能であれば，完全なプロトコールの入手方法
資金提供者	資金提供者と他の支援者

（津谷ほか（2010）をもとに作成）

を高めるためにも応用できる CLEAR NPT チェックリスト（Boutron et al., 2005）なども相次いで発表されている。心理学分野においても，CONSORT 声明に準拠した報告が欧米の学術誌を中心に定着しつつある（Torgerson & Torgerson, 2008）。

第 3 部

エビデンスをつかう

第6章

エビデンスの臨床活用

　研究者でもなければ，エビデンスを「つくる」という作業をすることはあまりないかもしれない。むしろ臨床家にとっては，「日々の臨床にいかにエビデンスを活用するか」ということが最も重要な事柄になるだろう。つまり，エビデンスを「つくる」ことより，「つかう」ことに重きが置かれるのが通常である。

　エビデンスによって，定量的に治療の選択や予後についてどのようなことが言えるのかを知っておくことは，臨床家にとって非常に重要である。たとえば，パーソン・センタード・セラピーによって，全般性不安障害のクライエントのカウンセリングを行なうとする。その場合，治療にはどれくらいの期間や費用がかかり，どのくらいの割合で良くなるのか。あるいは，もっと治療期間も短く，治療成績の良い治療法はないのか。EBPでは，そのような批判的検討をしたうえで治療を行なうことが求められる。

　実際，治療にあたって，われわれはそのような情報をもっているだろうか。同じようなことをクライエントに問われたら，何と答えればよいのだろうか。エビデンスをつかうということには，このような定量的情報をもとに，治療法の選択を行なうことだけでなく，その情報をインフォームド・コンセントによってクライエントと共有することも含まれる。エビデンスは，何よりもクライエントのためにあるものだからだ。

　とはいえ，エビデンスは重要だ，EBPを実践すべきだ，とわかってはいても，肝心のエビデンスをどのように入手すればよいのか，

そしてどのように臨床に活かしていけばいいのかわからないという臨床家は多いだろう。本書冒頭で述べたように，EBP はパラダイムの転換であると同時に，臨床の実践的なスタイルを大きく変えるものでもある。つまり，EBP は概念的な変化だけでなく，実際に臨床において何をするかという具体的な行動の変化をもわれわれに迫るものである。EBP を実践するために，われわれは，一定のスキルや臨床技能を身に付ける必要がある。本章では，最新のエビデンスにいかにアクセスするか，そしてそれを臨床にどう活用すればよいのかについてのノウハウを説明したい。

　エビデンスをつかう際には，以下の4つのステップが必要である（古川，2000；正木・津谷，2006）。

　①臨床疑問を定式化する（PICO）
　②それに答えることのできるエビデンスを検索する
　③エビデンスを吟味する
　④当のクライエントにエビデンスを適用する

　ここでわれわれが第一に検討すべきエビデンス源は，RCT の系統的レビューであり，それがまだないのならば，個々の RCT 論文を読むというのが鉄則である（Sackett et al., 2000）。

1　臨床疑問の定式化

　われわれの臨床では，日々数々の疑問が生まれる。「このクライエントはどのような問題を抱えているのだろうか」「その症状に効果のある介入はどのようなものだろうか」「その介入を行なえばどれくらいの期間で良くなるのだろうか」あるいは「どれくらいの割

合で良くなるのだろうか」など枚挙に暇がない。

　伝統的な臨床では，こうした疑問が生じたとき，先輩やスーパーバイザーに尋ねたり，教科書を読んだり，あるいは自分の過去の臨床経験に基づいて判断したり，直観的に判断したりということがなされていた。また，さらに悪い例では，何も考えずにとりあえず自分がこれまで行なってきたことを踏襲するという「とりあえず型」「思考停止型」の臨床もある。クライエントが来たら，その主訴がうつ病であれ，対人恐怖であれ，アルコール依存であれ，とりあえず絵を描いてもらう，とりあえずコラージュをする，とりあえず生育歴を尋ねる，とりあえず共感的に話を聞くなどがその例である。これで良くなるように見える場合もあるだろうが，それは治療外要因の変化，カウンセリングを受けたということによる期待（プラセボ効果），平均への回帰などによる変化であって，介入そのものによる真の効果ではない場合がほとんどである。

　それでは EBP では，たとえばアルコール依存症の 40 代の男性が来たら，セラピストはどのように臨床疑問を定式化すればよいだろうか。まず，アルコール依存症かどうかについては，本人の飲酒量や飲酒頻度などをもとに，DSM の診断基準やアルコール使用障害特定テスト（Alcohol Use Disorder Identification Test：AUDIT）（Barbor et al., 1992）などのスクリーニング・ツールを用いて判断してもよいし，そもそも医師の診断をすでに受けているということもあるだろう。

　そうすると，次に生じる臨床疑問は「どのような介入をするか」ということになる。具体的に効果を知りたい介入法の候補があるのであれば，PICO を用いて定式化すればよい。たとえば，認知行動療法と薬物療法のどちらがより効果があるのかを知りたい場合は，以下のようになる。

P：40代男性のアルコール依存症患者に
I：認知行動療法を実施したら
C：薬物療法に比べて
O：断酒率は高くなるか

　あるいは，具体的な介入候補の心当たりがなく，どのような介入に効果があるのかがわからないときは，PとOだけで「40代男性のアルコール依存症患者には，どのような介入をすれば断酒率が向上するか」としてもよい。

2　エビデンスの検索

　EBPの実践において，最も重要な臨床技能のひとつは，エビデンスを検索する能力である。従来の臨床では，学生時代に教わったこと，教科書に書いてあったこと，スーパーバイザーに言われたこと，周囲の同僚がやっていることなどに従って臨床を行なえばよかった。これをSackett et al.（2000）は，**複製モード**（replicating mode）の臨床と呼んでいる。つまり，何の疑問もなくただ言われたことを複製していればよいという臨床態度である。しかし，教科書に書いてあることが正しいとは限らないし，先輩から言われたことも正しいかどうかわからない（たいていの場合，間違っている）。また，昔は正しかったかもしれないが，研究の積み重ねで正しくないことがわかったということもある。つまり，EBPでは疑うことが重要な臨床態度になる。

　そのうえで，EBP時代の臨床は，**検索モード**（searching mode）でなければならない。つまり，臨床の意思決定を漫然と行なうのではなく，つねに「それは本当に効果があるのか」という問いを発し

ながら，最新最善のエビデンスを検索し，それに従って臨床を行なわなければならないのである。

　では，最新最善のエビデンスとは，どのようにすれば手に入るのだろうか。学生時代の教科書を見てもそれは手に入らない。自分が大学や大学院を出たのは一体何年前か考えてみればよい。時間が経てば経つほど，教科書に書いてあることは陳腐化している。Sackett et al.（2000）は，最新最善のエビデンスを検索する第一歩として，「伝統的な教科書は捨てろ」とまで言っている。

　われわれが頼りにすべきものは，インターネットの世界にある。それは主として，文献データベースやエビデンスを提供することに特化したウェブサイトである。たくさんの学会に入ったり，学術雑誌を購読したりするのもよいが，これからの臨床家は学術雑誌の購読よりも，こうしたウェブサイトに投資すべきである。あるいは，勤務先の上司に掛け合って，機関としてユーザーになってもらうようにしてもよい。

　EBPを実践するために，最低限必須であるウェブリソースを以下に挙げる。そして，その具体的な使い方は次項「3　エビデンス検索の実際」で解説する。

　ところで，ここで留意すべきは，最新のエビデンスは英語で発表されるということである。英語というだけで論文を読むのを断念したり，サイトを閉じてしまったりするようでは，ガラパゴスから抜け出すことはできない。

コクラン共同計画

　エビデンスを検索する際に，まず最初に当たるべきリソースは，コクラン共同計画のウェブサイトである。このサイトから自分の臨床疑問に合致する系統的レビューを探し，それを読むのである。コ

クランレビューの全文を読んだり，ダウンロードしたりするために
は，コクラン共同計画のウェブサイト（http://www.cochrane.org/）で
登録をする必要がある。オンラインでの利用と DVD 購入の 2 通り
の利用方法があり，機関であれば年会費 1,098 ドル，個人であれば
327 ドルを支払う必要がある。また，論文ごとに購入するオプショ
ン（pay-per-view）もある。しかし，アブストラクトのみであれば無
料で閲覧でき，それでも大まかなエビデンスを把握することは可能
である。さらに，コクラン共同計画 20 周年を迎えた 2013 年から，
新規に公開されたレビューであれば，1 年間は無料で全文を閲覧で
きるようになった。

　コクラン共同計画には複数のデータベースがあり，いずれも大
変利用価値が大きいが，最も代表的なデータベースは "Cochrane
Database for Systematic Reviews"（コクラン系統的レビュー・データベー
ス）である。

　また，ありがたいことに，アブストラクトだけであればその一部
が日本語に翻訳されており，こちらも無料で活用できる。提供元は，
厚労省の委託事業による「Minds ガイドラインセンター」のサイト
（http://minds.jcqhc.or.jp/n/）である。このサイトでは，医療提供者向
けにさまざまな診療ガイドラインも公開されているので，こちらも
ダウンロードして活用できる。

　Minds でコクランレビューのサマリーを読むには，同サイトの「メ
インメニュー」から「コクラン・トピックス・その他」へと進み，
疾患グループ別になっているページから参照したいリンクをクリッ
クする。ただし，現時点ではメンタルヘルス分野で翻訳されている
レビューは少なく，双極性障害，てんかん，認知症，禁煙に限られ
ている（図 6.1）。

図 6.1 Minds のウェブサイト

Evidence-Based Medicine Reviews（EBMR）

Ovid 社の EBMR は，上述のコクランレビューのデータベースのほか，ACP Journal Club, Database of Abstracts of Reviews of Effects（DARE）など，複数のヘルスケア領域における二次的データベースと，後述する MEDLINE のような一次論文のデータベースを統合したデータベースである。

ACP Journal Club とは，130 を超える臨床雑誌から一定の基準を満たした論文を選び，それを構造化抄録の形式でまとめたデータベースである。また，Database of Abstracts of Reviews of Effects は，英国ヨーク大学のレビューセンター（Centre for Reviews and Dissemination）が，さまざまな臨床雑誌で発表された系統的レビューのなかから一定の基準を満たしたものを要約し，注釈を付けてまとめたデータベースである。

144　第 3 部　エビデンスをつかう

　このように，一度の検索で複数のデータベースの検索ができ，し
かもそこで得られるエビデンスは，その質を専門家が批判的吟味を
行なって，解説も付したうえで提供してくれているため，非常に効
率的で利用価値が高い。ただし，費用が高価であるため，個人向け
ではなく機関向けであると言える。

PsycINFO

　最近は海外の学術誌を中心に，多くのジャーナルにオンラインで
アクセスできるようになった。キーワードから論文を検索できたり，
居ながらにして論文をダウンロードできたりすることの恩恵を享受
しない手はない。ほとんどの論文のアブストラクトは無料であるが，
全文を読むのは有料である場合が多い。全文をダウンロードしたい
場合は，そのつど購入するか，後で述べる電子ジャーナルを購読す
るなどの必要がある。所属機関が購読していれば，職員であればも
ちろん無料で利用できる。

　心理学関係の論文データベースとして最も広く活用されている
のは PsycINFO（www.apa.org/psycinfo/）である。これはアメリカ心
理学会が運営するデータベースで，370 万件以上の論文が含まれて
いる。アカウントをもっていない場合は，APA のサイト（www.apa.
org）で登録し（google のアカウントをもっている場合は，google の
ログイン情報でログインできる），そこから PsycINFO のリンクを
クリックして，データベースへと進めばよい。所属機関がアカウン
ト登録している場合は，そのアカウントを活用すればよい。また，
日本語の利用手引きも用意されている（http://support.epnet.com/
training/lang/ja/a&i/PsycINFO_JP%20Manual.pdf）。

MEDLINE

MEDLINE は，米国立医学図書館が作成した医学文献データベースであり，ヘルスケアの分野では世界で最もよく利用されている。世界 70 カ国で出版された医療系の学術雑誌約 3,800 誌から，900 万件を超える文献データが収録されているうえ，毎月新たに 3 万件のデータが追加されている。1997 年からは PubMed（http://www.ncbi.nlm.nih.gov/pubmed/）としてインターネットでも公開され，誰もが無料で利用できるようになった。PubMed で検索した論文は，無料で全文をダウンロードできるものもあるが，多くは有料である。また，その検索法は一般的な検索エンジンとは少し異なり，若干の専門的なノウハウが必要である。それについては，次項で説明する。

PsycINFO や MEDLINE で検索できる論文は，ほとんどが学術誌に発表された一次論文であるが，その質は玉石混交である。したがってコクランレビューや EBMR を利用する場合とは異なり，自分でその論文の批判的吟味をする必要がある。

電子ジャーナル

文献データベースが網羅的にさまざまな文献を収録しているのに対し，電子ジャーナルは，出版社が自社の学術誌を電子化し，その抄録や全文を提供するものである。個人で会員になってもよいが，かなりの費用がかかるので，所属機関で購読するのが一番であろう。また，読みたい論文だけをダウンロードするのであれば，1 本あたりの代金を払う方法もある。

心理学分野での代表的な電子ジャーナルとしては，Elsevier 社の Science Direct，APA の APA PsycNET，Wiley 社の Wiley Online Library，Springer 社の Springer Link などがある。

146　第3部　エビデンスをつかう

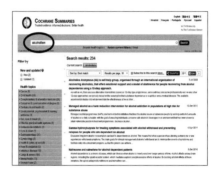

図 6.2　コクランレビューの検索

3　エビデンス検索の実際

　では実際に，先ほどの臨床疑問からキーワードを抜き出して，コクラン共同計画，EBMR と MEDLINE で検索してみよう。

コクラン共同計画での検索

　コクランレビューの最も簡便な使い方は，レビューの抄録のみを読むという方法である。これは忙しい臨床家が，臨床疑問を効率的に解決したい場合には，最も有益な活用法だと言える。コクランレビューのサマリーを検索できるサイト（www.summaries.cochrane.org）に検索したい用語を入れ，検索されたレビュータイトルのなかから最も自分の臨床疑問に近いものを選べばよい（図6.2）。

　しかし，これでは「alcoholism」と入れて検索した場合，検索結果が234件もあり，これらのタイトルを1つひとつチェックしていくのは非効率的である。ならば，コクランライブラリー（www.cochranelibrary.com）からのウェブ検索も簡単に利用できる方法であ

第 6 章　エビデンスの臨床活用　147

図 6.3　コクランライブラリーの検索

る。先ほどの臨床例では，アルコール依存症の成人男性に対する効果的な治療法を知りたいというのが臨床疑問だった。では，コクランライブラリーで検索してみよう。

まず，サイト上部の検索窓に検索したい用語を入れてもよいが（図 6.2），これでは結果は先ほどのものとほぼ同じである。

したがって，その代わりにホームページの下部に「Browse by Topic」（トピックによる検索）という項目があるので，ここを探してみる。すると，「Tobacco, drugs and alcohol」というトピックがあり，ここをクリックする。

すると，図 6.3 の画面が現れる。画面の左にさらに詳細なトピックが提示されるので，「アルコール」をクリックする。

そこで現れた画面には，いくつかの論文タイトルが並んでいるので，臨床疑問に合致するものを探して選べばよい。たとえば，このページにある「Psychosocial interventions to reduce alcohol consumption in concurrent problem alcohol and illicit drug users」（問題アルコール使用と違法薬物使用が併存する者のアルコール消費量を低減するため

の心理社会的介入）というレビューは，Pがアルコールだけでなく
違法薬物も使用している患者なので，われわれの臨床疑問とは少し
違うが参考にはなりそうだ。

　また，さらに左側の「Psychosocial interventions」（心理社会的介入）
をクリックしてみると，心理社会的介入は現在，以下の7本である
ことがわかる。

- Psychosocial interventions to reduce alcohol consumption in concurrent problem alcohol and illicit drug users（問題アルコール使用と違法薬物使用が併存する者のアルコール消費量を低減するための心理社会的介入）
- Motivational interviewing for alcohol misuse in young adults（若年成人のアルコール乱用に対する動機づけ面接法）
- Mentoring adolescents to prevent drug and alcohol use（薬物とアルコール使用を予防するための青少年へのメンターリング）
- Brief interventions for heavy alcohol users admitted to general hospital wards（一般病棟に入院した多量飲酒者へのブリーフ・インターベンション）
- Psychosocial interventions for women enrolled in alcohol treatment during pregnancy（妊娠中にアルコール治療に参加した女性への心理社会的治療）
- Effectiveness of brief alcohol interventions in primary care populations（プライマリーケア対象者へのアルコールのブリーフ・インターベンションの効果）
- Alcoholics Anonymous and other 12-step programmes for alcohol dependence（アルコール依存症に対する匿名断酒会（AA）と他の12ステッププログラム）

こう見ると，最も関連がありそうなのは，やはり最初の論文である
ようだ。したがって，この論文をクリックしてサマリーを読んでみる。

594 人の参加者を擁する 4 研究が（メタアナリシスに）含められた。
［…］それらの研究では，6 種類の異なった心理社会的介入について考
察しており，それらを 4 種類に比較グループ分けしていた。それらは，
(1) 認知行動療法的スキル訓練 vs 12 ステッププログラム（N = 41），(2)
短期介入 vs 通常治療（N = 110），(3) 肝炎健康促進教育 vs 動機づけ
面接法（N = 256），(4) 短期動機づけ面接法 vs アセスメントのみ，で
ある。［…］

そして，結論は「ほとんどエビデンスがなく，異なった治療間に
は効果に違いがなかった」「データが乏しいこと，および見出され
た研究の質が低いことから，結論を導き出すことはできない」となっ
ている。つまり，そもそも残念ながらコクランレビューにはこの臨
床疑問に合致するレビューが存在しないこと，類似のレビューを読
んでみたが，十分な結論が得られていないことがわかった。したがっ
て，コクラン以外の別のところでエビデンスを検索してみることが
必要となる。

EBMR での検索

では，EBMR で検索してみよう。EBMR では MEDLINE の検索
も同時にできるが，質の高い系統的レビューだけに絞り込みたいと
きは，検索するデータベースを ACP Journal Club, Cochrane Database
for Systematic Reviews, Database of Abstracts of Reviews of Effects などに
限定すればよい（図 6.4）。そのうえで，とりあえず検索語を "alcohol"
"cognitive-behavioral therapy" として検索してみる。すると，いくつ
かのレビューのタイトルが表示される（図 6.5）。そこで，タイトル
を見て，先ほどの PICO に関連しそうなものを探し，抄録を表示す

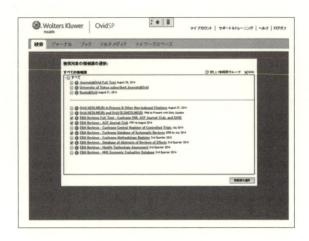

図 6.4　EBMR のサイト

るか全文をダウンロードすればよい。

　たとえば，"Cognitive-behavioral treatment with adult alcohol and illicit drug users : A meta-analysis of randomized controlled trials"（成人アルコール・違法薬物使用者への認知行動療法——ランダム化比較試験のメタアナリシス）というレビューが Database of Abstracts of Reviews of Effects に収録されていた。先述の通り，このデータベースは英国ヨーク大学のレビューセンターが質の高いメタアナリシスを選んで要約し，コメントを付したものである。そこで，そのレビューをクリックしてみると，それはもともと Magill & Ray が 2009 年に "Journal of Studies on Alcohol and Drugs" という学術誌で発表したメタアナリシス論文の要約と，それに対するコメントであることがわかった。

　レビューに含められた研究の選択基準を見ると，対象は 18 歳以上のアルコールまたは違法薬物依存症患者であり，大多数が男性であった（P）。介入は，個人または集団の認知行動療法で，それだけ

図 6.5　EBMR での検索結果

で単独に実施された場合と薬物療法など他の介入と組み合せて実施された場合がある（I）。対照群は研究によってさまざまである（C）。アウトカム（O）は、「精神測定学的に測定された」としか書かれていないので、具体的に断酒率なのか、飲酒量の減少なのか、飲酒頻度の減少なのか、あるいはそれらすべてをひっくるめたものなのかなどはわからない。対照群についての記載のあいまいさやアウトカムの不明確さなど、これらの点は、レビューセンターのまとめ方に問題がある。もちろん、原著論文をダウンロードすることもできるので、原著にあたってみると、断酒率、生化学的検査値、飲酒量、飲酒頻度などのアウトカムが含まれているということがわかった（Magill & Ray, 2009）。

したがって、PICO について、臨床疑問に合致するので、このレビューを参照することとする（ただし、P については日本人対象の

研究ではないことに留意する必要があるが，日本人を対象にした
RCT やメタアナリシスがないのだから仕方がない）。

　レビューには結論として，以下のように書かれている。

　　認知行動療法（CBT）は，成人のアルコールおよび他の薬物使用
　障害に対して，小さいが統計的には有意な効果を示した（g＝0.154, p
　＜.005）。CBT の効果が最大であったのは，大麻使用障害，女性，短期
　療法として提供された場合であった。

　このように，検索モードによる作業を経て，われわれの臨床的判
断としては，成人アルコール依存症患者の断酒率，生化学的検査値，
飲酒量，飲酒頻度などのアウトカムを改善するためには，認知行動
療法を実施することが適切であると結論できる。

　また，インフォームド・コンセントの際には，この情報をわかり
やすい言葉で伝えればよい。たとえば，「アルコール依存症の治療
には，今のところ認知行動療法と呼ばれる心理療法に最も確実な効
果があるとされています。それは，劇的にアルコール依存症が治る
というほどの大きな効果はないかもしれませんが，現在一番効果が
ある方法であることは間違いありません」などという具合である。

MEDLINE での検索

　MEDLINE を用いて検索する場合，先ほどのように思いついた検
索語を入力してもよいが，もっと的確に論文検索をするためには，
MEDLINE 特有の検索方法を知る必要がある。MEDLINE に論文を
収録する際には，論文には厳密なルールに基づいたキーワードが付
されている。そのキーワードは，米国立医学図書館が作成した統制
用語集に登録された用語に限定されており，それを MeSH（Medical

Subject Headings）用語（メッシュ・ターム）と呼ぶ。したがって，MEDLINE の検索では，MeSH 用語を用いて検索しなければ，探している論文がなかなか見つからない場合がある。

　これは不便だと思われるかもしれないが，論文著者や論文読者が，それぞれにさまざまな専門用語を用いていると，検索したい論文にたどりつけなくなってしまう。したがって，専門用語を統一して効率的に検索ができるようにするためのシステムが必要になるのだが，MeSH 用語はそうした要請に応えるものである。たとえば，「がん」という用語は，英語論文では cancer, tumor, neoplasms など複数の用語で表わされる。これを統一した MeSH 用語は neoplasms である。したがって，検索するときは cancer ではなく neoplasms を用いなければならない。

　MeSH 用語は階層構造をしており，その一番上の階層は表 6.1 の通りである。また，精神医学および心理学の階層は表 6.2 のようになっている。さらに，心理学関連の主な MeSH 用語には表 6.3 のようなものがある。先に述べたように，各論文にはこうした検索語がタグ付けされているので，MeSH 用語を用いて検索するとスムーズに検索ができるのである。先ほどの Magill & Ray（2009）の論文には，以下のような MeSH 用語がタグ付けされている。

Adult, Female, Humans, Male, Alcoholism, Therapy, Cognitive Therapy, Statistics & Numerical Data, Numerical Data, Randomized Controlled Trials, Sex Characteristics, Substance-Related Disorders, Therapy, Time Factors, Treatment Outcome

　MeSH 用語自体を探したいときには，PubMed のサイトのトップページに，"MeSH Database" というリンクがあるので，ここから

154　第3部　エビデンスをつかう

表 6.1　MeSH 用語のカテゴリー

Anatomy [A]	解剖
Organisms [B]	生物
Diseases [C]	疾患
Chemicals and Drugs [D]	化学物質および薬物
Analytical, Diagnostic and Therapeutic Techniques and Equipment [E]	分析，診断，治療の技術および機器
Psychiatry and Psychology [F]	精神医学および心理学
Phenomena and Processes [G]	現象および過程
Disciplines and Occupations [H]	学問と職業
Anthropology, Education, Sociology and Social Phenomena [I]	人類学，教育学，社会学および社会現象
Technology, Industry, Agriculture [J]	技術，産業，農業
Humanities [K]	人文学
Information Science [L]	情報科学
Named Groups [M]	名付けられたグループ
Health Care [N]	ヘルスケア
Publication Characteristics [V]	出版形式
Geographicals [Z]	地理的場所

　MeSH 用語一覧をダウンロードすることもできるし，MeSH Browser のサイト（http://www.nlm.nih.gov/mesh/MBrowser.html）に飛べば，適切な用語を検索することもできる。PubMed のトップページで，通常は "All Database" となっているフィールドを「MeSH」に変えると MeSH Databese に切り替えることができる。

　たとえば，アルコール依存症の心理療法に関する論文を検索したいが，適切な MeSH 用語がわからないとき，PubMed 上で MeSH Database を選んで，"alcohol dependence" という用語を入れて検索し

表 6.2　Psychiatry and Psychology ［F］の階層構造

Psychiatry and Psychology ［F］	精神医学および心理学	コード
Behavior and Behavior Mechanisms	行動および行動機序	F01
Adaptation, Psychological	心理的適応	F01.058
Feedback, Psychological	心理的フィードバック	F001.58.288
Orientation	方向づけ	F01.058.577
Sense of Coherence	首尾一貫感覚	F01.058.788
Attitude	態度	F01.100
Attitude of Health Personnel	医療スタッフの態度	F01.100.050
Attitude to Computers	コンピューターへの態度	F01.100.100
（以下略）		
Psychological Phenomena and Processes	心理的現象およびプロセス	F02
Mental Competency	精神的能力	F02.410
Mental Health	メンタルヘルス	F02.418
Mental Process	精神的プロセス	F02.463
Anticipation, Psychological	心理的期待	F02.463.93
Cognition	認知	F02.463.188
Awareness	気づき	F02.463.188.150
Cognitive Dissonance	認知的不協和	F02.463.188.305
（以下略）		
Mental Disorders	精神疾患	F03
Adjustment Disorders	適応障害	F03.075
Anxiety Disorders	不安障害	F03.080
Agoraphobia	広場恐怖	F03.080.100
Neurocirculatory Asthenia	神経循環無力症	F03.080.500
Obsessive-Compulsive Disorder	強迫性障害	F03.080.600
（以下略）		
Behavioral Disciplines and Activities	行動的訓練	F04
Behavior Control	行動統制	F04.047
Behavior Science	行動科学	F04.096
Behavioral Medicine	行動医学	F04.096.080
Behavioral Research	行動研究	F04.096.144
Ethology	動物行動学	F04.096.208
（中略）		
Psychology	心理学	F04.096.628
Adolescent Psychology	青年心理学	F04.096.628.628.065
Child Psychology	児童心理学	F04.096.628.628.193
Cognitive Science	認知科学	F04.096.628.628.255
（以下略）		

156　第 3 部　エビデンスをつかう

表 6.3　臨床心理学関連の MeSH 用語

Psychological Tests	心理テスト
Aptitude Tests	態度テスト
Intelligence Tests	知能テスト
Stanford-Binet Test	スタンフォード・ビネー・テスト
Wechsler Sales	ウェクスラー・テスト
Neuropsychological Tests	神経心理学的テスト
Bender-Gestalt Test	ベンダーゲシュタルト・テスト
Luria-Nebraska Neropsychological Test	ルリアネブラスカ・テスト
Stroop Test	ストループ・テスト
Personality Tests	パーソナリティ・テスト
Bender-Gestalt Tests	ベンダーゲシュタルト・テスト
Personality Inventory	人格目録
Cattell Personality Factor Questionnaire	キャッテル因子別人格検査質問紙
Manifest Anxiety Test	顕在性不安尺度
Milon Clinical Multiaxial Inventory	ミロン臨床多軸目録
MMPI	MMPI
Test Anxiety Scale	テスト不安尺度
Projective Techniques	投影法
Ink Blot Tests	インクブロット・テスト
Holtzman Inkblot Test	ホルツマン・インクブロット・テスト
Rorshcach Test	ロールシャッハ・テスト
Thematic Apprerception Test	絵画統覚テスト
Semantic Differential	セマンティック・ディファレンシャル法
Word Association Tests	言語連想テスト
Psychometirics	サイコメトリックス

Psychotherapy	心理療法
Animal Assisted Therapy	アニマルセラピー
Aromatherapy	アロマセラピー
Art Therapy	芸術療法
Autogenic Training	自律訓練法
Behavior Therapy	行動療法
Aversive Therapy	嫌悪療法
Biofeedback, Psychology	バイオフィードバック
Cognitive Therapy	認知療法
Acceptance and Commitment Therapy	アクセプタンス・コミットメント・セラピー
Mindfulness	マインドフルネス
Desensitization, Psychological	脱感作法
Eye Movement Desensitization Reprocessing	眼球運動による脱感作と再処理法
Implosive Therapy	インプローシブ療法

第 6 章 エビデンスの臨床活用　157

表 6.3　つづき

Virtual Reality Exposure Therapy	バーチャルリアリティ曝露療法
Relaxation Therapy	リラクセーション療法
Meditation	瞑想
Sleep Phase Chronotherapy	睡眠段階時間療法
Bibliotherapy	読書療法
Color Therapy	色彩療法
Crisis Intervention	危機介入
Dance Therapy	ダンスセラピー
Gestalt Therapy	ゲシュタルト療法
Horticultural Therapy	園芸療法
Hypnosis	催眠
Imagery（Psychotherapy）	イメージ（療法）
Music Therapy	音楽療法
Narrative Therapy	ナラティブセラピー
Nondirective Therapy	非指示的セラピー
Play Therapy	遊戯療法
Psychoanalytic Therapy	精神分析的療法
Free Association	自由連想
Transactional Analysis	転移分析
Psychotherapeutic Processes	心理療法のプロセス
Abreaction	解除反応
Catharsis	カタルシス
Association	連想
Transference	転移
Psychotherapy, Brief	短期心理療法
Psychotherapy, Multiple	複数の心理療法
Psychotherapy, Psychodynamic	精神分析的心理療法
Psychotherapy, Rational-Emotive	論理感情療法
Reality Therapy	リアリティセラピー
Socioenvironmental Therapy	社会環境的セラピー
Milieu Therapy	環境療法
Therapeutic Community	治療共同体
Psychotherapy, Group	集団心理療法
Couples Therapy	カップルセラピー
Family Therapy	家族療法
Marital Therapy	夫婦療法
Psychodrama	サイコドラマ
Role Playing	ロールプレイ
Sensitivity Training Groups	感受性訓練
Residential Treatment	居住型治療

158　第3部　エビデンスをつかう

図 6.6　PubMed での MeSH 用語の検索

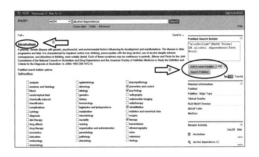

図 6.7　PubMed での MeSH 用語の検索結果

てみる（図 6.6）。すると，最も関連性の高い MeSH 用語は "alcoholism" であると教えてくれる（図 6.7 ①）。また，下にサブカテゴリーの MeSH 用語一覧があるので，自分が検索したい用語，"prevention and control" "psychology" "rehabilitation" "therapy" などにチェックをし，右の "Add to search builder"（検索式に追加）をクリックする（図 6.7 ②）。すると上の窓に検索式が表示されるので，下の "Search PubMed" をクリックすると，検索式に従って検索された論文のリストが表示される（図 6.8）。

すでに読みたい論文のタイトルや著者がわかっている場合は，タイトルや著者名を入れて検索すれば，簡単にその論文を入手できる。

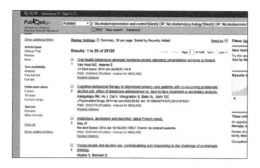

図 6.8 MeSH 用語による論文の検索結果

すると，先ほどの Magill & Ray（2009）の論文の場合のように，その論文にタグ付けされた MeSH 用語がわかるので，それを用いて関連論文の検索をしてもよい。

また，日本語ゲートウェイも用意されており，利用の手引きなどは日本語で読むことができる（http://www.healthy.pair.com/）（ただし，日本語に対応しているのはゲートウェイ（入口）だけである）。

4 エビデンスの批判的吟味

検索によって得られた論文の知見が，最善のエビデンスと言えるのかどうか。つまり，その知見は，さまざまなバイアスの脅威を免れているのか。これらを吟味することは，EBP において最も高度なスキルを要する作業のひとつである。学術論文であれば，たいてい査読を経ているため，ある程度の質は担保されていそうなものであるが，そうは言っても論文の質はピンからキリまである。査読論文ならどれでもよい，メタアナリシスであれば質の高いエビデンスに違いないと決めつけるのは，まだ複製モードから完全に脱却で

きていない態度である。EBP では，その論文の知見はエビデンスと
して質が高いものなのかどうか系統的に吟味する態度が要求される。
Sackett et al.（2000）は，これを**検証モード**（appraising mode）と
呼んでいる。

　これはなかなかハードルが高い困難な作業であることは間違いな
い。しかし，心配することはない。先ほども述べたように，EBMR
やコクラン共同計画などの二次的エビデンス提供するサイトでは，
すでに情報提供者がこのような吟味をしてくれたものだけが掲載
されているからだ。たとえば，先ほどの例では，英国ヨーク大学
の Centre for Reviews and Dissemination というメタアナリシスを吟味
し，広くエビデンスを「つたえる」ことを目的とした専門機関が，
Magill & Ray が書いたメタアナリシス論文を吟味し要約したうえで，
コメントを付したものをウェブ上で公開している。したがって，こ
れらのサイトを利用する限りは，この批判的吟味のステップを省略
できる。

　しかし，MEDLINE，PsycINFO，CiNii などのデータベースから
一次論文を検索し，それの知見を活用しようとする際には，自らそ
の論文の質について**批判的吟味**（critical appraisal）を行なう必要
がある。批判的吟味において最も重視すべき点は，その研究の内的
妥当性が相当に高いかどうかということである。つまり，バイアス
が適切に排除され，独立変数たる「介入」と従属変数たる「効果」
の因果関係が，明確に推論できるか否かということである。

　内的妥当性を高めるための方法は第5章で解説したが，論文の批
判的吟味を行なうときには，今読んでいる論文の RCT が，第5章
で述べた厳密な手続きに従って実施されているかどうかを検討すれ
ばよいのである。

　具体的には，個々の RCT の質を検討するためには，CONSORT

表 6.4　批判的吟味における評価項目

評価項目	具体的なチェックポイント
研究デザイン	その研究は RCT か
参加者	参加者に偏りはないか
サンプルサイズ	サンプルサイズは適切に計算されており，十分に大きいか
ランダム割り付け	参加者は各群にランダムに割り付けられているか
ランダム化の隠匿	ランダム割り付け表は隠匿されていたか
盲検化	参加者と研究者は，介入や群分けに関する情報を知らされていなかったか
脱落	参加者の追跡は十分に長くかつ完全に行なわれており，大きな脱落はないか
ITT 解析	すべての参加者は，最初に割り付けられた群のままで分析されていたか
効果量	効果量と信頼区間が適切に報告されているか
考察	データに沿った整合性のある考察がなされているか

声明などのチェックリスト（表 5.3, p.132）を活用すればよい。また，最低でも表 6.4 に挙げたような項目はチェックすべきである。

　一方，系統的レビューや診療ガイドラインなど「エビデンスの総体」の系統的な質評価のためには，GRADE Working Group による基準が用いられる（http://www.grade-jpn.com/）。現在では，Cochran Collaboration, Clinical Evidence, WHO など数多くの権威ある国際組織も GRADE のシステムを採用している。

　GRADE による評価はアウトカムごとに，バイアスのリスク，非一貫性，非直接性，不精確性，出版バイアスの各項目について評価する。その評価項目の一例は表 6.5 の通りである。ただし，GRADE による評価は，適切な訓練を受けたうえで，GRADE pro というソフトウェアを用いて行なうのが望ましい。Youtube などを

表 6.5　GRADE による系統的レビューの評価項目

バイアスの源泉	説明
割り付けの隠匿	研究参加者をリクルートしたり，群分けしたりする担当者が，次の参加者がどの群に入ることになっているかを知らない状態にあること
盲検化	研究参加者が自分がどの群に割り付けられたかを知らない状態にあること また，アウトカム評価者が参加者がどの群に割り付けられたかを知らない状態にあること
ITT 解析	脱落者について，もとの群のままでアウトカムの評定をすること
報告バイアス	アウトカムのすべてを報告しており，選別して報告していないこと
脱落	両群からの脱落はほぼ均等で，著しい偏りがないこと
汚染	参加者は割り付けられた群の介入を適切に受けており，別の群の介入の影響を受けていないこと

用いてオンラインで GRADE の活用方法を学ぶことも可能である（http://cebgrade.mcmaster.ca/）（https://www.youtube.com/watch?v=ye6nCYkvLeE）。また，わが国でも日本語によるワークショップが実施されており，日本語のマニュアルをダウンロードすることもできる（http://www.grade-jpn.com/GRADEproHelp.html）。

5　コクランレビューの読み方

　最新最善のエビデンスとして最も信頼が置け，しかもアクセスしやすいのがコクランレビューである。コクランレビューは厳密に規定された手続きを踏んで作成されるため，いずれのレビューもエビデンスとしての質がきわめて高い。したがって，何らかの臨床疑問

が生じた際は，まずコクランレビューを検索することを習慣づければ，どこをどのように検索すべきか迷うこともないし，批判的吟味を行なう必要もない。多忙な臨床家にとっては最も効率的な選択であると言える。

はじめてコクランレビューを読む際は，専門用語や統計などに少し戸惑うかもしれないが，一度慣れてしまえば何ということはない。ここでは，「全般性不安障害への心理療法」（Hunot et al. 2007）という１つのコクランレビューを例に取って，レビューの読み方を具体的に説明する。まず，抄録から始めたい。レビューの抄録では，メタアナリシスの結果が以下のようにまとめられている。

　　25 の研究（1,305 名の参加者）がレビューに組み込まれ，うち 22 研究（参加者 1,060 名）のデータをメタアナリシスに組み込んだ。13 の研究に関して，すべてのケースで認知行動療法的アプローチが用いられていたが，心理療法は既存治療や治療待機群よりも，臨床的成果を達成し（RR＝0.64，95％ CI＝0.55–0.74），治療後時点での不安，心配および抑うつ症状の低減することに，より効果があった。

PICO をきちんと組み込んだ要約になっていることがわかる。また，この後にある著者の結論では，「認知行動療法の原理に基づく心理療法は，全般性不安障害の短期的治療として，不安症状を低減することに有効である」と述べられている。

先述の通り，詳細な研究を行なうのでもない限り，たいていの場合は抄録を読むだけでも十分である。この抄録からわかることは，①全般性不安障害に対する心理療法の効果に関する質の高い研究は，ほぼすべてが認知行動療法に関するものであったこと，②認知行動療法は，臨床的成果の達成（不安，心配，抑うつ症状の軽減）につ

いて，他の介入よりも有意な効果があったということである。

効果量については，これまで説明した通りである。リスク比（Risk Ratio：RR）が 0.64 であったということは，認知行動療法による治療を受けた参加者は，アウトカム（不安や抑うつ）のリスクが 64% になったということである。さらに，95% 信頼区間（Confidence Interval：CI）は 0.55-0.74 であり，真の効果量はこの区間のどこかに存在することがわかる。また，信頼区間が 1 をまたいでいないので，この効果量は有意だと言える。

コクランレビューの本文を読む際にも，少しのノウハウがわかれば，難なく読みこなすことができる。コクランレビューの形式は統一されており，その構成は表 6.6 の通りである。レビューの全文を読むことによって，どのような一次研究がどのような方法によって選択され，レビューに含まれているのか，そこにバイアスはないのか，などの情報が明確になる。さらに，まだ十分にわかっていないことは何かなど，現在のエビデンスの限界と今後の研究の方向性が明らかになってくる。適宜，先ほど抄録を紹介した「全般性不安障害に対する心理療法」（Hunot et al., 2007）を例に取りながら説明したい。

タイトルと著者

タイトルは，「全般性不安障害の心理療法」であり，著者は英国ブリストル大学の Hunot, Churchill, Silva de Lima, Teixeira の 4 人である。

レビューは，コクラン共同計画のうつ・不安・神経症グループによって編集され，2010 年に第 4 版が公表された。ここで留意すべき点は，このレビューが最初に発表されたのは 2007 年であるのに，すでに 3 回の改訂がなされているということである。Sackett et al.（2000）は，信頼に足るエビデンスは頻繁に改訂され，アップデー

表 6.6　コクランレビューの形式

HEADER	見出し
Title	レビューのタイトル
Review information	レビューの情報
Authors	著者
Contact person	責任著者
Dates	日付
Abstract	抄録
Plain language summary	一般的な用語での要約
The review	レビュー本文
Background	背景
Objectives	目的
Selection criteria	検索基準
Search strategy	論文検索方法
Data collection and analysis	データ収集と解析の方法
Results	結果
Discussion	考察
Author's conclusions	著者による結論
Acknowledgements	謝辞
References	参考文献
Characteristics of studies	包含研究の概要
Data and analysis	データと分析

トされているものであるべきだとしているが，このレビューはその基準を満たしていると言える。実際，コクランレビューは，2年ごとにアップデートすることになっている（Higgins et al., 2008）。

抄録

　先に抄録の一部を紹介したが，コクランレビューにおいて特筆す

べき点は，「一般用語での要約」が必ず準備されているということである。なぜなら，エビデンスは研究者や臨床家など専門家だけのためにあるのではなく，患者，家族，政策決定者，一般の人々など，誰もが知りうるものでなければならないからである。以下に「一般用語での抄録」の一部を引用する。

　　このレビューには，1,305 人の参加者を擁する 25 の研究が含められた。すべての研究は，CBT アプローチを用いており，CBT を一般的治療法，または治療待機者と比較している研究（13 研究），あるいは CBT を他の心理療法と比較している研究(12 研究)があった。レビューの結果，CBT に基づいた治療に参加した人々は，既存治療を受けた人々や治療待機者リストに載せられた人々よりも，治療終結時の時点で，不安が減少することが示された。CBT はまた，心配や抑うつなどの二次的症状を低減するうえでも非常に有効であった。集団 CBT に参加した人々や年齢の高い人々は，治療から脱落しやすいこともわかった。

レビューの背景

　ここではレビューの対象疾患である全般性不安障害（Generalized Anxiety Disorder：GAD）とその治療について，簡潔にまとめられている。内容の一部を箇条書きにすると以下の通りである。

- GAD とは，過剰な心配や不安によって特徴づけられる疾患であり，その症状は少なくとも 2 日に 1 回出現し，6 カ月以上継続する。
- 1970 年代には GAD の治療において，ベンゾジアゼピンが多用されたが，耐性や依存性への懸念から，現在は 2 〜 4 週間

の使用が推奨されている。

- 現在は，イミプラミンやパロキセチンなどの抗うつ剤にも効果があることがわかっている。
- 一般の人々を対象にした調査では，精神疾患の治療において，薬物療法よりも心理療法を好む人が多いことが一貫して示されている。なかでも認知行動療法は，GAD に対する他の一般的な治療に比べて効果があり，治療脱落率も少ないようである。
- 英国保健省のガイドラインでは，ロジャーズ派，精神力動派などの療法は系統的に検証されていないため，認知行動療法を治療の第一選択肢とすべきであるとされている。

目的

ここでは，レビューの目的が簡潔に記されている。このレビューの目的は 2 つで，①全般性不安障害の患者に対する心理療法の効果とアクセスのしやすさを，他の一般的治療（treatment as usual：TAU）または治療待機群と比較すること，②認知行動療法の効果を，精神力動的治療および支持的療法と比較すること，である。

方法

コクランレビューでは，レビューを行なう手続き（プロトコール）をあらかじめ明確に定めて，それを公表することがルールとなっている。著者が都合の良い結果を導き出そうとして，勝手にレビューの手続きや結果を変えたりすることがないように，手続きの透明性を担保するためである。

方法に記載すべき項目は，研究選択基準（対象とする研究のデザイン，PICO など），研究の検索方法，データ解析の方法などである。

168　第3部　エビデンスをつかう

研究選択基準

▼ レビューに含める研究の種類

　レビューに含める研究は RCT に限定すべきであるが，RCT の一次研究が少ない場合などは，時に準 RCT が含まれることもある。本レビューもそのようになっている。

　準 RCT とは，参加者をランダムに割り振るのではなく，何らかの規則性をもった割り付けをする試験のことである（たとえば，交互割り付け，ID の偶数・奇数による割り付けなど）。この場合，割り付けが予測できるので，自分は対照群に割り付けられると思った参加者が参加を辞退したり，研究者のほうが望ましくない参加者が介入群に入るのがわかると研究にリクルートしなかったりするなどの可能性があり，選択バイアスが持ち込まれる危険が大きくなる。

　また，このレビューではクロスオーバー・デザインの研究も対象としている。**クロスオーバー・デザイン**とは，2つの異なった介入を交互に実施して，その両者の効果を比較するというタイプの研究である。たとえば，ある患者にまず認知行動療法を一定期間行ない，その後にパーソンセンタード療法を行なう。そして，別の患者にはその逆を行なうというようなデザインである。通常，どの患者にまずどの介入を行なうかはランダムに決められる。そのため，すべての参加者が双方の介入を受けられるという利点があるが，効果が現われたとしても，それがどちらの介入の効果なのかが判然としなくなる可能性が大きい。つまり，心理療法は薬物療法と違って，介入の効果が長く持ち越される場合があるため，クロスオーバー・デザインの試験において，前の介入の効果がその後の介入に影響を及ぼしてしまう。これを**キャリーオーバー効果**と呼ぶ。キャリーオーバーがあれば，今発現している効果はどちらの介入に起因するのかがわ

からなくなるため，それは内的妥当性への大きな脅威となることは言うまでもない。

▼ 研究参加者の種類（P）

　ここには参加者の選択条件が明示される。たとえば，成人なのか子どもなのか，どのような障害を対象とするか，などである。このレビューでは，参加者は 18 〜 75 歳の男女で，外来治療のみを受けている者を対象とし，入院状況での治療を検証した研究は除外されている。また，神経症的不安を含む GAD と診断された者を対象とし，社交恐怖，パニック障害，PTSD，単一フォビア，強迫性障害は除外する。診断は，訓練を受けた者によって ICD-10 や DSM-IV などの客観的診断基準に基づいてなされている必要がある。したがって，このような参加者を含む研究を検索し，レビュー対象として選択するのである。

▼ 介入法の種類（I）（C）

　ここには，介入の定義や種類，何と何を比較するのかなどが明記される。このレビューでは，介入法として大きく 3 種の心理療法を比較すると記載されており，それは認知行動療法，精神力動療法，支持的療法である。

　認知行動療法には，認知療法，行動療法，認知行動療法，不安マネジメント訓練，認知再構成法，状況曝露療法などを含めると定義されている。精神力動療法には，精神分析，ブリーフセラピー，短期不安喚起的心理療法など，支持的療法には，パーソン・センタード・セラピー，非指示的療法，ゲシュタルト療法，交流分析などを含むとしている。

170 第3部 エビデンスをつかう

▼ アウトカム指標（従属変数の測度）（O）

　ここでは，どのようにして定量的に効果を測定するかについて記載される。アウトカムは1つとは限らない。不安障害の治療がレビューのテーマであるので，何をもって不安障害の治療に効果があったとみなすかということでアウトカムを定義する。たとえば「医師の診断による治癒・改善」という包括的なものをアウトカムにする場合もあれば，「セラピストの判断による症状の低減」「自己報告による症状の低減」などの主観的アウトカムを用いたり，不安障害尺度などの客観的ツールを用いて症状の低減を測定したりする場合もあり，これらを複数用いて治療の効果を検討する。当然のことながら，主観的アウトカムはバイアスが大きいので，あまり望ましいものではない。

　本レビューでは，以下の2つの方法で測定された不安の減少を主要アウトカムとしている。①は二値変数によるアウトカム，②は連続変数によるアウトカムである。

① DSM, ICD などの基準，またはハミルトン不安尺度などの尺度に基づいて，症状が消失した参加者の割合と残存している参加者の割合。あるいは臨床的に意義のある変化が見られた参加者の割合とそうでない参加者の割合。

② ハミルトン不安尺度などの尺度に基づいて評価者によって測定された評価。あるいは，状態特性不安尺度（STAI）などを用いた自己評価によって測定された GAD 症状の低減。

研究検索方法

　論文データベース，学会発表の抄録，書籍のほか，個人的に研究者と連絡を取ったり，論文の参考文献一覧をチェックしたり，ある

いは学術誌をチェックして網羅的に検索したことが明記されている。このような手続きによって，上記の研究デザインや PICO に合致する研究を探すのである。さらに，公表バイアスを防止するために，論文著者やこの分野の研究者と個人的に連絡を取って，未発表の論文はないか，進行中の研究はないかをチェックするなど，多くの手間をかけて論文の検索がなされている。

データ収集と分析

▼ 研究の選択とデータ収集

レビュー著者の 2 人がそれぞれ独立して，どの研究をレビューに含めるべきかを検討し，不一致があった際は，第 3 の著者が検討したことが記載されている。また，データの収集においても同様の手続きが取られている。この作業は 1 人で行なわず，このように複数の専門家が別々に行なうことで，より客観性を高めることが重要である。

また，それぞれの論文の質については，コクラン抑うつ・不安グループの「研究の質評価基準尺度」を用いて，やはり 2 人の著者が別々に評価している。

▼ データ分析

連続変数については，標準化平均差などによって効果量を算出している。一方，二値変数の効果量については，リスク比を用いている。いずれの場合も 95% 信頼区間の報告をすることとしている。

▼ 異質性の分析

レビューに含むことになった研究が，一見同種の研究のように見えるが，実は研究デザイン，参加者，介入，アウトカムの種類や測

定法，データの分布などが大きく異なるとき，それを研究間の**異質性 (heterogeneity)** が大きいと言う。異質性には，概念的異質性と統計学的異質性の2種類がある。概念的異質性とは，研究デザインや研究参加者など，論文を読めばわかる目に見える違いのことを指す。一方，統計学的異質性は，それぞれの研究間でデータのばらつきが大きい場合のことを指す。異質性の大きさはI統計量，Q統計量などといった指標を使って表わすことができる。メタアナリシスに組み入れられた研究が，概念的にも統計的にも異質性が大きいとき，それらの研究を統合してもあまり意味がないことになる（野口，2009）。まさに，リンゴとミカンを混ぜ合わせたようなものができあがってしまう。

　本レビューでもI統計量を用いて，異質性の分析を行なっている。I統計量は，通常その値が50%を超えたときは異質性が大きいと判断される。

▼ サブグループ解析

　メタアナリシスによってすべての研究を1つに統合するほか，参加者の特性や治療の方法に応じて小さなグループ分けをし，それらをそれぞれに統合して比較する場合を**サブグループ解析**という。このレビューでは，以下のようなサブグループ解析をすることによって，同じ認知行動療法の治療でも，細かな違いによって効果がどのように変わってくるのかを検討している。

　①対照群の違いによる比較（通常治療 vs 治療待機群）
　②治療のモダリティ（集団療法 vs 個人療法）
　③治療セッション数（8セッションまで vs 8セッション以上）
　③参加者の年齢（成人 vs 高齢者）

▼ 感度分析

　特定の研究をメタアナリシスから除外したとき，結果が異なって
くるかどうかを検討することによって，結果の頑健さをチェックす
るのが**感度分析**である。たとえば，このレビューでは，研究の質尺
度の得点が低い研究，ランダム化の隠匿が不十分であった研究，参
加者の脱落率が 20% 以上であった研究などを除外して，効果量の変
化をチェックしている。つまり，これらの質の低い研究を除外した
際に，効果量が目立って小さくなるようなことがあれば，その効果
量は「真の効果」を過大に見積もっている可能性が大きく，あまり
信頼が置けないということになる。

結果

▼ 研究の詳細

　ここでは，レビューに組み込まれた研究および除外された研究の
詳細が記載される。たとえば，組み込まれた 25 研究の PICO を見
ると，参加者（P）は総計 1,305 人で，平均年齢は 47.2 歳，68.6%
が女性である。介入（I）および比較（C）に関しては，8 つの研究
が認知行動療法を治療待機群または TAU と比較しており，3 研究
が認知療法と行動療法を比較している。また，6 研究が認知行動療
法を支持的療法と比較，2 研究が認知行動療法と非指示的療法およ
び薬物療法との比較を行なっている。アウトカム（O）については，
すべての研究で確立された尺度が用いられていたが，セラピストや
クライエントの報告を併用している研究もあった。最もよく用いら
れていた尺度は，ハミルトン不安尺度であった。

　メタアナリシスに含まれた個々の研究の詳細は，末尾の表にまと
められている。その一例は，表 6.7 の通りである。これは Akkernam
et al.（2001）による研究であり，ランダム化の手続きは隠匿され，

174 第3部 エビデンスをつかう

表6.7 メタアナリシスに含まれた研究の詳細 (Akkerman, 2001)

方法	割り付け：参加者単位のランダム化，ランダム化の秘匿 盲検化：独立した査定者 試験期間：15週間 フォローアップ：12カ月
参加者	場面：大学の臨床心理学部 対象者：自発的参加による高齢者 サンプルサイズ：85名 診断：ADIS-IV を用いた診断面接によって中程度から重度のGAD であることが第一診断 重複障害：サンプルの65%が少なくともあと1つの精神疾患の診断を抱えていた
介入	1. CBT 2. 最低限のコンタクトしかしていない治療待機群 モダリティ：集団療法 強度：15週間にわたる15回の1時間半のセッション マニュアル化：イエス 治療のフィデリティ：セッションの20%はビデオに撮って検証
アウトカム	臨床的
備考	QRS 合計点：36 全般的脱落率：16.5%

バイアスのリスク

項目	レビュー著者の判定	内容
割り付けの隠匿	可	A レベルー適切

(Hunot et al.（2007）をもとに作成)

盲検化もなされていたことがわかる。また，参加者は85人で，自発的に研究に参加した高齢者である（P）。介入は，認知行動療法と治療待機群が比較されており，治療は15週を超える1セッション1.5時間のマニュアル化された集団療法であった（I, C）。アウトカムの測定は，ハミルトン尺度，STAI，QOL 尺度など複数の尺度

が用いられている（O）。研究の質は，A評価となっている。これは，コクラン共同計画が開発した研究の質評価基準であるQuality Rating Scale（QRS）（Moncrieff et al., 2001）を用いて評価したものである。23の評価項目があり，サンプルサイズの大きさ，ランダム化の適切さ，標準化された診断基準を用いているか否か，脱落の割合の大きさなどから研究を評価する。

▼ 包含研究のバイアスのリスク

コクラン共同計画の基準（QRS）に基づいてレビューに含めることとなった研究の質を評定すると，A評価を得たのは1研究のみで，20研究がB，3研究がC，そして残り1研究がDであった。

▼ 介入の効果

合計334人の参加者を擁する8研究が，認知行動療法と治療待機群またはTAUとの比較を行なっていたが，介入群では46％の参加者が改善を見せたのに対し，対照群では14％にとどまっており，有意な大きい効果量が見出された（RR＝0.64，95%CI＝0.55－0.74）。また，認知行動療法と精神力動療法との比較（RR＝0.53，95%CI＝0.41－0.68），認知行動療法と支持的療法との比較（RR＝0.51，95%CI＝0.38－0.68）でも類似の結果であった。

ほかにも不安や抑うつの低下，社会的機能の改善，QOLの改善などの複数のアウトカムに関して，さまざまな比較による効果量が算出されている。結果が膨大であるためすべてを紹介できないが，たとえばQOLについては，3つの研究がアウトカムとしており，参加者を合計すると112人である。メタアナリシスの結果，心理療法と治療待機群またはTAUとの比較で，心理療法のほうに小さいが有意な効果があった（SMD＝0.44，95%CI＝0.06－0.82）。

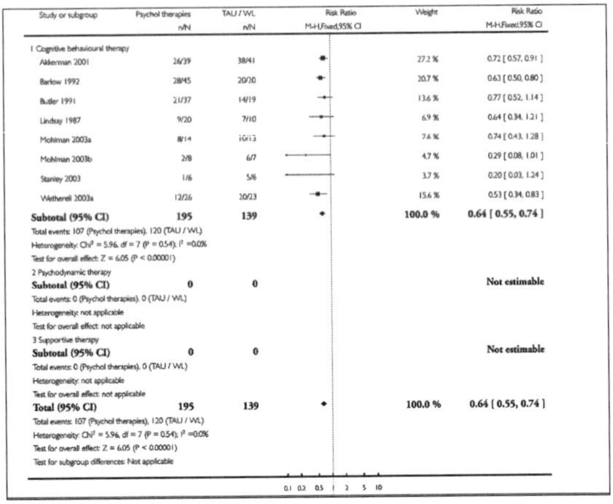

176　第3部　エビデンスをつかう

図 6.9　メタアナリシスの結果（フォレストプロット）
（Hunot et al., 2007）

　メタアナリシスの結果は，しばしば図6.9のような**フォレストプ
ロット**で表示される。この図は認知行動療法と治療待機群・TAU
を比較した8研究のメタアナリシスの結果を示している。まず，図
の左端に論文著者名と発表年が表示されており，その横に参加者
数が記載されている。一番上の Akkerman（2001）の研究を見ると，
介入群 26/39 となっているが，これは介入群に割り付けられた 39
人中 26 人に何らかのイベントがあった（改善しなかった）ことを
表わしている。対照群では，41 人中 38 人である。したがって，リ
スク比(改善しないというリスクの比)を計算すると次のようになる。

$$\frac{26/39}{38/41} = 0.72$$

これがこの研究で得られた効果量であり，表の右端に95%信頼区間と一緒に記されている（0.72［0.57, 0.91］）。これはつまり，リスクの生じる大きさが，介入群は対照群に比べて約72%だったということを表わしている。その左にある27.2%という数字は，メタアナリシスの際に8つの研究をサンプル数の大きさによって重み付けした場合，この研究が全体の何%分寄与したかを示している。メタアナリシスでは，サンプル数が大きい研究ほど大きなウェイトをかけられて統合される。

　さらに，真ん中にある「■」のマークと横線は，前者が効果量で後者が信頼区間を示している。「■」の大きさは，サンプルサイズの大きさ（ウェイトの大きさ）を示している。サンプルサイズの大きい研究ほど信頼区間が狭くなる。そして，一番下の「◆」がメタアナリシスで統合された効果量を表わす。このグラフでは，真ん中の縦線がリスク比＝1を表わし，それより左に行くとリスク比が1より小さく，右に行くと1より大きくなる。つまり，真ん中の線より左に効果量がプロットされると，リスク比が1より小さいわけであるから，介入群のほうがリスクが小さい，すなわち介入に効果があるということを示している。一方，1より大きい効果量であれば，真ん中より右にプロットされるが，これは介入群のほうがリスクが大きくなるということであるから，介入に効果がない（対照群のほうに効果がある）ことを示す。

　このフォレストプロットでは，すべての研究の効果量が1より左にプロットされているので，全研究において介入群のほうに効果があったということがわかるが，信頼区間が1をまたいでいるものが5件ある。つまり，これらの研究では効果量は有意ではなかったということである。しかし，いずれも規模の小さな研究で，ウェイトも小さいので，すべての研究を統合すると，有意な効果量（RR＝

178 第3部 エビデンスをつかう

0.64，95%CI＝0.55－0.74）が得られたという結論になる。

結論

これらすべてのデータを見て，レビュー著者は臨床における結論と今後の研究への提言を行なっている。臨床に関しては，認知行動療法に割り付けられた参加者の46%が改善をしたのに対し，対照群はわずか14%であったことから，認知行動療法を用いた心理療法には，GADの治療において頑健なエビデンスがあることがわかったと結論している。また，認知行動療法では治療からの脱落が小さいことなども見出されている。一方，他の形式の心理療法は，GADに対する効果が見出されなかった。しかし，エビデンスがないことと効果がないことは同義ではないことも強調されている。

米国でも英国でも，診療ガイドラインでは認知行動療法がGAD治療の第一選択肢とされているにもかかわらず，英国の臨床では主としてロジャーズ療法や精神力動療法などが用いられていると述べ，エビデンスとのギャップを指摘している。また，認知行動療法以外の治療に関するRCTがさらに必要であるとして，今後の研究の方向性を示している。さらに，認知行動療法の効果が確認されたといっても，過半数のクライエントが臨床的な改善を示さなかったことも重視している。認知行動療法に他のセラピーを組み合わせることで効果が高まる可能性もあり，そのような研究も今後重要になってくると述べられている。

6　メタアナリシスをめぐる最近の動向

多くのRCTが実施されるようになると，RCTの質を担保することが重要になり，CONSORT声明のような一定の基準が発表され

るようになった。さらに，研究ごとに測定されるアウトカムがばら
ばらでは，メタアナリシスができないという問題も持ち上がってい
る。メタアナリシスとは RCT を統合するものであるが，具体的に
はアウトカムのデータを統合するものである。

　たとえば，不安障害患者への CBT の効果を検証する RCT では，
患者が「良くなった／良くならなかった」という二値変数のアウト
カムや，不安障害尺度で測定したスコアなどのアウトカムデータを
収集する。メタアナリシスでは，こうした研究を複数集めて，その
アウトカムのデータを統合するわけである。二値変数のアウトカム
であれば，複数の研究を統合したときに全体として良くなった患者
はどれくらいの割合いて，それを対照群と比べるとどれくらいの差
があるかということが全体的な効果量となる。

　見つかったすべての研究で同一のアウトカムが報告されていれ
ば，それを統合することができるが，同じ治療の効果を検証してい
る RCT が複数見つかっても，アウトカムが異なればそもそも統合
は不可能である。たとえば，ある研究では不安尺度を用いてアウト
カムのデータとしており，別の研究では QOL を測定しているので
あれば，まったく統合できないわけではないが，データを統合する
ことが困難になる。やはりアウトカムの種類や測定方法が統一され
ていたほうが望ましい。

　こうした問題を解決するために，The COMET（Core Outcome Mea-
sures in Effectiveness Trials）Initiative（効果試験におけるコアアウトカ
ム指標イニシアティブ）という国際組織が，2010 年イギリスで設立
された（http://www.comet-initiative.org/）。これは，RCT を行なう際に
最低限測定すべき「コアアウトカム・セット」の基準を疾患ごとに
まとめようとする動きである。決して研究を縛るものではなく，研
究同士の比較や統合ができやすいようにすることを目的としている。

心理療法の分野には，まだこのような動きは波及していないが，今後 RCT とメタアナリシスのさらなる実施を後押しするためには，非常に重要であると言えるだろう。コアアウトカムを研究者や臨床家のコンセンサスとして設定することができれば，それが心理臨床における重要な知的財産になることは間違いない。

*

以上，本章では臨床においてどのように最新最善のエビデンスをつかえばよいかを説明してきた。もちろん，それは簡単なものではない。これだけで大学院の一科目としてよいくらいの内容である。

とはいえ，これは EBP 時代の心理臨床には必須の臨床技能である。何度も言うように，EBP とは理念やパラダイムの変革にとどまるものではなく，われわれ自身の臨床態度の変革を求めるものだからである。

最初は戸惑いや困難が付きまとうかもしれないが，とにかくコクランレビューを検索し，抄録を読むところから始めていただきたい。Minds のサイトであれば，一部のレビューに限られるが，日本語での閲覧が可能である。自分が専門としている疾患や状態像，あるいは関心のある問題について，どんなコクランレビューがあり，どのような介入にエビデンスがあるのか，またはないのか，それをまずは知識として理解することからスタートする。そして，その知識を臨床に活かしていくことが次のステップとなる。つまり，その介入を習得すること，クライエントと介入のマッチングを考慮すること，自分の介入の評価をすること（効果検証）などである。これらの作業を行なうことこそが，EBP 時代の臨床家に求められるものである。

第 4 部

エビデンスと心理療法

第 7 章
心理療法の効果についての論争

　多くの臨床心理学の専門家は，心理療法には効果があると端から信じ込んでいる。当然のことであるが，効果を信じていないのであれば，そもそも臨床などしてはいないだろう。しかし，その信念の「根拠」は何かと問われたら，すぐに返答することができるだろうか。あまりにも根源的で本質的な問いであるがゆえに，これまでそのようなことを考えたこともないという者も多いかもしれない。あるいは，そのような問いは，自らの存在意義を揺るがす「危険な問い」であるがゆえに，耳をふさいで深く考えないようにしようとする防衛が働いている者もいるかもしれない。

　本章では，これまでに心理療法の効果に関する研究で得られたエビデンスを検討しながら，そもそも心理療法には効果があるのか，心理療法の流派間で効果に差はあるのか（効果のある心理療法と効果のない心理療法があるのか）などに関して，詳しく論じていきたい。

1　Eysenck による心理療法無効論

　心理療法の効果に関する論争の嚆矢となったのは，Eysenck である。Eysenck（1952）は，心理療法の効果に関する先行研究を検討し，神経症患者の自然寛解率が 72% であるのに対し，精神分析的治療を受けた患者の治癒率が 44%，折衷的治療を受けた患者の治癒率が 64% であったことから，神経症患者に対する心理療法の効果は，自然治癒率に比べて見劣りがするものであると述べた。つまり，心

理療法には何の効果もないという大胆な主張をしたわけである。

　当然のことながら，この論文は大きな論争を引き起こした。特に精神分析を拠り所とする人々は，方法論的に脆弱な研究をもとに精神分析を攻撃しているという批判を展開した（Eysenck, 1985）。その後，Eysenck（1965）は，さらに方法論的に洗練された論文を発表したが，それは精神分析派にはさらなる打撃となった。すなわち，そこでは，学習理論に基づく心理療法には一定の効果があることはわかったが，それ以外の精神分析，折衷的心理療法などの心理療法には神経症や情緒障害の治療に対する効果がないこと，精神分析を受けた患者は若く，知的で，社会的にも成功している者が多い（つまり，比較的軽症で治りやすい患者が多い）にもかかわらず効果がないこと，精神分析的治療からは脱落者が多いことなどが見出された。

　Eysenck は Freud と精神分析への批判者であることは間違いないが，彼がこれらの論文で強調した点はむしろ，心理療法がこれまで科学的にその効果を検討してこなかったことへの痛烈な批判であった。

　Eysenck の心理療法批判に対して，反論の先頭に立ったのは Bergin である。Bergin は米国の心理臨床家のバイブルとも呼ばれる教科書の編者であったが，彼は，Eysenck は自然寛解率を高く見積もりすぎており，いくつかの対照研究をもとにして見積もると30％というところが妥当であると主張し，それに比べると心理療法には大きな効果があると述べた（Bergin, 1963：Bergin & Garfield, 1971）。しかし，それを受けて Eysenck（1985）はさらに，その30％という計算の根拠がきわめて薄弱であること，先に結論ありきで都合のよい論文ばかりを集めて結論を導き出していることなどを批判した。

2 心理療法有効論

　その後も米国を中心に心理療法の効果についての大論争は続き，膨大な評価研究が行なわれるようになった。Luborsky et al.（1975）は，さまざまな心理療法の効果を検証した40の研究をレビューし，いずれの心理療法にも効果があり，その効果は同等であったと結論した。しかし，この研究はいわゆる記述的レビューであり，方法論的にはきわめて脆弱なものであった。たとえば，Smith & Glass（1977）は，当時，心理療法の効果を検証した研究は数百以上あったが，そのなかからどのようにして40件を選択したのかがまったく述べられていないため，Berginの例と同じく，恣意的に都合のよい研究だけを選択して結論を導いたと言われても仕方がないと批判を展開している。

　さらに，分析自体が非常に稚拙かつ脆弱な方法に頼っているという批判もある。彼らが取った方法は，ある療法が他の療法に比較して勝っているという結果を見出した研究の数がいくらあるかを数えて，その数を競うことによって比較するという非常に単純なものであった。つまり，単純に「勝ち負け」だけをカウントしているのであり，個々の研究の質やサンプルサイズなどはまったく考慮されていない。

　これに対し，Smith & Glass（1977）は，世界ではじめてメタアナリシスの手法を用いて，それまでに実施された375の効果研究を統合した。この研究は，メタアナリシスという手法そのものを産み出した画期的な研究である。この方法が，Luborsky et al.（1975）の方法と比べて，はるかに洗練されていることは言うまでもない。その結果，どのような種類であれ心理療法を受けた群を無治療対照群と比較した場合，心理療法を受けた群のほうが症状が改善することを

見出した。その効果量は，d=0.68であった。これは，心理療法を受けた者の75%は，無治療群より改善するということを示している。

心理療法の種類別の効果量を見ると，最大は系統的脱感作のd=0.91であり，次いで論理感情療法（d=0.77），行動変容法（d=0.76）となっている。一方，精神力動療法（d=0.59），ロジャーズ派（d=0.69）であった。最も効果量が小さかったのは，ゲシュタルト療法（d=0.26），次いで折衷派（d=0.48）だった。

この研究もまた大きな論争の的となった。Eysenckへの反論として，心理療法に効果があることをはるかに洗練された方法で実証したことへの賛辞が寄せられた一方で，批判も少なくなかった。その最大の批判は，手法があまりにも包括的であったということである。375もの研究が包含されたが，その研究の質を吟味せず，質の良い研究も悪い研究も一緒に統合してしまったことはたしかに問題である（Eysenck, 1985；Garske & Anderson, 2003）。たとえば，大部分の研究においては，対照群が設置されていない。つまりRCTではない。さらに，RCTに関しても，RCTの質の吟味（盲検化されているか，割り付けの隠匿がされているかなど）はまったくなされていない。

また，アウトカム指標についても，多くの研究で主観的な指標が用いられている。たとえば，クライエント本人の自己評価によって症状の改善を測定している研究が多い。その結果，アウトカム指標における主観性の大きさと効果量の間に有意な正の相関（r=0.3，p<0.01）が見出されている。つまり，治療効果について主観性の大きな指標を用いた研究ほど，効果を大きく評定する傾向にあったということである。クライエントが主観的に効果を実感しているならば，それでよいのだろうか。それによって治療には効果があったと言えるのだろうか。これまで述べてきた通り，主観的な「効果」は，それがたとえクライエントによって報告されたものであっても，

ホーソン効果，確証バイアス，プラセボ効果，さらにはセラピスト
に対する遠慮や忠誠心などの影響を受けやすいため，真の効果を大
幅に水増しする危険性がある。

　さらに，本研究ではクライエントの特性（IQ やセラピストとの
類似性）などによって，見かけの治療効果が大きく異なるという傾
向も見られている。つまり，見かけの治療効果は，治療の影響なの
か，患者やセラピストの特性の影響なのかがわからず，選択バイア
スをはじめ，さまざまな交絡要因の影響が考えられる。このように
内的妥当性に大きな問題があり，多くの交絡が排除されていない研
究をもとにメタアナリシスを行なうと，そこから得られる効果量は，
「真の」効果量よりも大きくなる傾向がある。

　これらのことから，いくら多数の研究を統合しても，"garbage in,
garbage out"ということになり，そこから得られた結論は信頼に足
るものとは言えない。

　また，Smith & Glass（1977）は，心理療法を行動療法と非行動療
法の 2 群に分け，その両者を比較し，効果量の差は d＝0.2 という「小
さい」ものであったので，両者に差はないという結論に至っている。
しかし，この結論にも大きな疑問がある。まず 0.2 という効果量は，
たしかに大きくはないが，心理療法の効果量としては無視できない
大きさであり，両者に差がないと言い切るには無理がある。この 0.2
という効果量がどれほどの効果かと言えば，1,000 人のクライエン
トのうち 94 人が行動療法によってより大きな改善を見せることを
意味する（Hunsley & Di Giulio, 2002）。これを小さい効果にすぎな
いとか，取るに足らない差だと言ってしまってよいだろうか。

　さらに，2 群の分け方も問題である。行動療法と非行動療法に分
けたのだというが，行動療法群には系統的脱感作，行動変容法など
が含まれる一方，非行動療法群には精神力動療法，ロジャーズ派の

ほかに，論理感情療法が含まれている。通常の分類では，論理感情療法は認知行動療法に含まれるので，2群に分けるのであれば，認知行動療法（系統的脱感作，行動変容法，論理感情療法など）と非認知行動療法（精神力動療法，ロジャーズ派，ゲシュタルト療法）の2群に分けて比較するのが自然ではないだろうか。しかも，論理感情療法は，最も効果量が大きかったので，非行動療法群にこれを入れた結果，効果量が小さかった精神力動療法やロジャーズ派の効果を補い，行動療法群との差が小さくなってしまっている。実際，精神分析と認知行動療法のなかで最も効果量が大きかった系統的脱感作を比較すると，前者がd＝0.59であるのに対し，後者はd＝0.91であり，そこには0.32の差がある（Hunsley & Di Giulio, 2002）。

Smith & Glass（1977）の研究は，メタアナリシスという画期的な方法を用いて，心理療法の効果を実証したものとして，今なお頻繁に引用される重要な研究である。特に，「心理療法の流派の間には大きな差はない」「どの心理療法にも同等の効果がある」という結論を好む立場の人々の拠り所として大きな支持を今なお集めつづけている。しかし，このメタアナリシスの結果を丹念に見ると，実際は「心理療法にはたしかな効果があり，特に認知行動療法は，それ以外の心理療法よりも効果がある」と結論するのが妥当である。

3　ドードー鳥という怪鳥

どの心理療法にも同等の効果があるとする意見は，古くはRosenzweig（1936）にまで遡る。彼は『不思議の国のアリス』の一場面を引いて，これを「ドードー鳥評定」と名づけた。これは物語のなかで，池の周りを競争した後にドードー鳥が「みんなが勝った。みんなが一番」と言ったことに由来する。わが国で言えば，一昔前，

徒競走で優劣をつけるのはかわいそうだからという理由で子どもに手をつないで走らせ、「仲良くみんなが一番」とやった幼稚園や小学校があったというが、それと同じである。だが、心理療法は手をつないだ徒競走のように、「みんなが一番」なのだろうか。

このドードー鳥評定という用語を再び論争のなかに甦らせたのは、先に挙げた Luborsky et al.（1975）のレビューであった。さらに、Smith & Glass（1977）は、先述の通り、行動療法と非行動療法との差が小さかったという結果から、ドードー鳥評定を実証した最初の研究としてたびたび引用されている。そして、その後も Shapiro & Shapiro（1982a），Wampold et al.（1997a）など、ドードー鳥評定を支持するメタアナリシスが相次いで発表されている。いくつもの有名なメタアナリシスがドードー鳥評定を支持しているため、心理療法は流派に関係なくいずれも同様に効果があると信じて疑わない臨床家は多い。しかし、Smith & Glass（1977）のメタアナリシスがそうであったように、そのほかのメタアナリシスも1つひとつを丁寧に見ると、どの研究も非常に問題が大きいことがわかる。

Shapiro & Shapiro（1982）のメタアナリシス

Shapiro & Shapiro（1982）のメタアナリシスは、Smith & Glass（1977）のメタアナリシスに方法論的な欠陥がいくつもあったという批判に応えるため、方法をより洗練させてメタアナリシスを再度実施したものである。その結果、1,828 の効果量を統合し、心理療法全体の効果量を 0.93 であるとした。これはかなり大きな効果であると言ってよい。さらに、異なった心理療法同士を比較すると、行動療法（d = 1.06），認知療法（d = 1.00），精神力動療法（d = 0.40）であり、セラピー間の差は有意（p<0.001）だった。

しかし、認知行動療法と精神力動療法の間に、これほど大きな差

が見出されたにもかかわらず，彼らは「異なった治療技法間の効果
の差は，概して驚くほどに異なっているとは言えない」「われわれ
の知見では，治療の効果の差は中程度で，一般的に言うと均一であ
る」という驚くべき結論を主張している。しかしその一方で，「行
動的，認知的方法の優位性や，それに対する力動的，人間的（言語
的）方法の劣位性も否定できない」とも述べている。

　これらは一見すると矛盾した記述のように思えるが，さらに読み
進めると，認知行動療法が力動的療法や人間学的療法に比べて効果
が優位であることは明白であるが，それは単にその技法が優れてい
るからではなく，セラピーに付随する他の要因の影響が大きいから
だとも述べている。つまり，認知行動療法という技法独自の効果で
はなく，研究におけるアウトカム測定の方法，対象とする障害の種
類，研究デザインなどの相違によってこうした差が生じたのだと考
察しているのである。つまり，この差は交絡による第Ⅰ種の過誤だ
と言いたいのであろうが，やはりその結論には無理がある。方法を
洗練させてメタアナリシスをやりなおしたと誇らしげに主張したの
は彼ら自身ではなかったのか。

Wampold et al.（1997a）のメタアナリシス

　Wampold et al.（1997a）も，異なった種類の心理療法を比較してど
ちらかにより効果があったと結論するのは，第Ⅰ種の過誤にすぎな
いと述べている。つまり，本当は差がないにもかかわらず，有意差
があったという誤った結論をしているだけだと主張するのである。

　さらに，これまでのメタアナリシスは，プラセボ対照試験などの
RCTを包含しており，実際の臨床場面で行なわれている真の（bona
fide）心理療法そのものを比較していないと批判している。現実の
心理臨床ではプラセボ心理療法（本当はセラピーではないのに，あ

たかもセラピーのように見せかけて治療をする）など行なうはずが
ないので，このようなものと比較した RCT では心理療法の真の効
果はわからないと言うのである。したがって，本当に心理療法の効
果を知りたければ，研究の枠組みのなかではなく，現実の臨床場面
で行なわれた治療の評価研究をメタアナリシスすることが重要であ
ると主張している。

　したがって，彼らは外的妥当性を強調し，プラセボ対照試験や
RCT などの内的妥当性の高い研究を除外してメタアナリシスを行
なっている。たしかに，プラセボ対照試験などは，実際の臨床場面
では行なわれるはずがないものである。とはいえ，実際の臨床場面
には，バイアスがきわめて多く，その「効果」が当該の臨床的介入
によるのか，それ以外の要因によるのか見きわめることができない
ため，非常に内的妥当性が低い。したがって，このような研究をメ
タアナリシスに含めることは，そもそも方法論上の大きな問題があ
ると言わざるをえない。さらに，その臨床場面では効果があったと
いっても，他の場面や他のクライエントには当てはまるかどうかは
わからないので，外的妥当性さえ高いものとは言えない。

　そもそも臨床研究には，大別して**効能研究（efficacy study）**と
効果研究（effectiveness study）という 2 種類がある。効能研究と
は，どちらかと言えば内的妥当性をより重視し，バイアスを可能な
限り排した科学的に統制された厳密な方法によって心理療法の効果
を検討しようとするもので，RCT がその代表的な方法である。一方，
効果研究とは，科学的な厳密さをある程度犠牲にしても，自然な臨
床場面での評価や外的妥当性を重視する立場であり，準実験的な方
法や観察研究などに頼ることが多い（Garske & Anderson, 2003）。

　Wampold et al.（1997a, b）は，これまでのメタアナリシスが効能
研究を対象にしていたことを問題視し，効果研究を対象にしてメタ

アナリシスを行なうことを主張したわけである。しかし，繰り返しになるが，これらの研究にはバイアスが大きいことが致命的である。さらに，彼らのメタアナリシスに含まれた研究には，明白なサンプルの偏りがあるし，また，わずか6つのジャーナルの論文をデータベースで検索したにすぎず，網羅的な検索が行なわれていないため，公表バイアスや選択バイアスの危険もある（Chambless & Ollendick, 2001）。

　このように方法からして問題の大きい Wampold et al. (1997a) のメタアナリシスであるが，彼らは，比較した心理療法間の差はほとんどゼロに等しいと言ってよいものであり，ドードー鳥評定は正しかったと結論している。しかし，これまで述べてきた問題ゆえに，この結論を信頼することはできない。また，効果量の計算にも誤りがあるという指摘があり，正確に計算しなおすとゼロに等しいどころか，d＝0.19 になるという（Hunsley & Di Giulio, 2002）。Smith & Glass (1977) のメタアナリシスで得られた数値とほぼ同じなのは偶然かもしれないが，先述の通り，これはたしかに大きな効果量ではないが，決して取るに足らない差として無視できる数値ではない。

　ほかにもまだ明白な問題点がある。そのなかでも最大のものは，彼らが選択した研究のほとんど（約80％）は，認知行動療法同士の比較だったという点である（Crits-Christoph, 1997；Hunsley & Di Giulio, 2002）。だとすると，異なる流派の心理療法間に差がなかったという結論は，明らかに間違っている。正しくは「認知行動療法にグループ分けされる心理療法同士の間には差がなかった」と言うべきであろう。

　さらに，彼らが選択した研究のうち，14の研究には心理療法間に明白かつかなり大きな差が出ていた。最も差が大きかったのは，不安障害の治療に関する認知行動療法と長期的力動療法の差であり，

その効果量は d＝1.60 とかなり大きなものであった（Crits-Christoph, 1997）。こうした知見に一切触れず，「どの心理療法の効果も同等であった」と結論するのは，先に結論（ドードー鳥評定）ありきの論文だったと言われても仕方がない。

NIMH 研究

ドードー鳥派が最も信頼の置ける包括的研究として依拠するのが，NIMH TDCRP 研究（The National Institute of Mental Health Treatment of Depression Collaborative Research Program）である（Elkin et al., 1989）。この研究は，米国立精神衛生研究所によって実施された，うつ病に対する心理療法と薬物療法の RCT である。その結果，比較された治療法の効果が同等であったため，ドードー鳥派はこのような方法論的に厳密な実証研究においても，その主張が裏づけられたと主張する（Asay & Lambert, 1999）。

しかし，またもやと言うべきか，そこで比較されたのは，認知行動療法と対人関係療法および薬物療法であり，精神力動療法や人間学的心理療法などはそもそも対象になっていない。したがって，NIMH 研究で言えるのは，認知行動療法と対人関係療法は同等に効果的であるということにすぎず，ドードー鳥派の言うような，「すべての心理療法が同等の効果を有する」という過剰な一般化の論拠とはならない。

統計的に見たドードー鳥評定の矛盾

Beutler（1991）は，そもそも心理療法とは，セラピー，クライエント，セラピスト，治療環境など多種多様の媒介要因の相互作用であると述べる。現在心理療法の流派は 300 以上あり，クライエント要因は 175 種類（性別，年齢……），セラピスト要因は 40 種類

が，心理療法のバイブル "The Handbook of Psychotherapy and Behavior Change"（Garfield & Bergin, 1986）にはリストアップされている。これに治療環境要因を加えて計算すると，これらの組み合わせは150万通り（！）になる。

Beutler（1991）は，ドードー鳥派の主張は，この150万通りの組み合わせをそれぞれ比較しても，そこには有意差のある組み合わせが1つもなかったと言っているのと同じことであり，そのようなことはあるはずがないと批判する。この批判はいささか皮肉めいた誇張も含んでいるが（実際，300の流派には取るに足らない怪しげなセラピーも含まれているだろうし，クライエント要因のすべてが治療において同等に重要なわけではないだろう），統計的に見ればドードー鳥派の主張は，このようなありえない荒唐無稽なことだということがはっきりとわかる。

ここで，Beutler（1991）が主張したいことは，心理療法の評価研究において，過度の一般化や「患者画一性神話」を退け，「適性処遇交互作用」（Aptitude-Treatment Interaction：ATI）というパラダイムを導入することの重要性（Cooper, 2008）であると言えるだろう。つまり，「何にでも効く」「誰にでも効く」という粗雑な一般化をするのではなく，「誰の」「どんな症状に」「どの療法が」効くのかという問いが重要だということである。

以上をまとめると，ドードー鳥評定を支持する研究やメタアナリシスは，いずれも方法論上の大きな問題がいくつもあり，形式上はメタアナリシスであっても，その質はおしなべて低いと言わざるをえない。さらに，心理療法間に明白な差が出ているにもかかわらず，「差がなかった」という奇妙な結論に至っていることなどを考えると，何が何でもドードー鳥評定へと帰着したいという意図が見え隠れする。

第 7 章　心理療法の効果についての論争　195

　このように，ここで挙げたドードー鳥派の代表的研究は，一見ドードー鳥評定を支持しているように見えるが，これらの研究を丹念に読み込んでみれば，ドードー鳥は，やはり不思議の国にしか存在しない幻の鳥であるということがわかる。

ドードー鳥評定の問題点

　ドードー鳥評定は誤っているだけでなく，さらに大きな問題点もある。Hunsley & Di Giulio（2002）は，「すべての心理療法にはすべての障害に対して同等の効果がある」というのは，単に「手術をすれば何でも良くなる」「抗生物質は何にでも効果がある」と言うのと同じくらい奇妙なことであると述べる。たしかに，風邪を引いて手術をする人はいないだろうし，うつ病に抗生物質を処方する医師もいないだろう。先述の通り，心理臨床において重要なのは，「どの問題に対して，どの介入に効果があるか」という個別具体的な問いに答えることである。

　1 つの心理療法が，大事故によって PTSD になってしまったクライエントにも，夫の不倫に悩む妻にも，ADHD の子どもにも，等しく効果があるということなどありえない。心理療法がそのような乱暴で大雑把なものであると言ってしまってよいはずがない。「何にでも効果があります」というのは，疑似科学やカルト宗教の得意とする言い回しで，あやしげな「魔法の水」や「霊験あらたかな壷」などを売りつける際の常套句であるが，ドードー鳥評定は，それを心理療法に用いているのと同じである。

　ドードー鳥評定はナンセンスであるだけでなく，過度の一般化による危険をはらんでいる（Chambless, 2002）。たとえば，もしも自らが信奉するアプローチに個別的なエビデンスがない場合，そのアプローチの生き残りのためにドードー鳥評定を持ち出すのであれば，

それは科学の名を借りたペテンであり，明らかに非倫理的である。もっと悪いことに，インチキ療法や詐欺の類の「セラピー」が，クライエントを欺くためにドードー鳥評定を悪用する危険性もあるだろう。つまり，まったく効果の検証もしていないどころか，端からインチキである「療法」ですら，ドードー鳥評定に従えば何でもどんな症状にでも有効だということになってしまう。こんなことが許されてよいはずがない。しかも，もしこうしたことが繰り返されてしまえば，心理療法そのものの真の効果にさえ疑念をもたれかねず，あやしげな「セラピー」と同一視されてしまう。このようなことを考えると，いたずらにドードー鳥評定を強調することは，心理療法にとって自殺行為であるとも言えるだろう。

4 治療効果と共通要因

とはいえ，米国の心理臨床の現場において，ドードー鳥評定を支持する人は今なお少なくない（Lambert, 2013）。これらの人々は，その論拠として，すべての心理療法に当てはまる**共通要因**の重要性を強調する。つまり，立場の違いにかかわらず心理療法に同等の効果があるのは，流派を超えて有している非特異的な因子があり，それが効果の源泉であると主張するのである（Asay & Lambert, 1999；Hubble et al., 1999；Luborsky et al., 2002）。そして，こうした要因の効果は，各治療に特異的な技法（たとえば，精神分析における抑圧の洞察や，認知行動療法におけるスキル訓練など）の効果を凌駕すると主張している。

共通要因の最たるものは，Rogers（1957）が強調したような，クライエントとセラピストの間の相互信頼に基づく温かな治療関係である。さらに Lambert（1992）は，共通要因をより詳細に検討し，

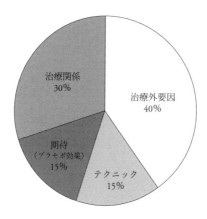

図 7.1　Big4 がクライエントの改善に寄与する割合の目安
（Asay & Lambert, 1999）

セラピーにおける Big4 という概念を提唱した。それは，治療外要因，治療関係，期待（プラセボ効果），テクニックという 4 つの変数である。このうち，テクニックのみが特異要因であり，残り 3 つが共通要因である。

さらに，Asay & Lambert（1999）は，これらの Big4 が治療の成功に寄与する影響力の大きさを見積もった。有名な「Lambert の円グラフ」がそれである（図 7.1）。しかし，その数字はあくまで彼らの臨床経験による印象に基づいた見積もりであって，客観的なデータではないことには十分な注意を要する。つまり，あくまで目安程度にしかならないということである。

治療外要因

ただし，この研究は有名な研究ではあるので，簡単に紹介してお

こう。Big4 のうち最も影響が大きいのは「治療外要因」であるとされている。つまり，治療とは関係ないところで生じた変化（たとえば，景気が良くなった，就職できた，恋人とよりが戻った，友達がサポートしてくれたなど）が，クライエントの改善に最も大きな影響力をもつということである。治療そのものよりも，治療の外で生じたことのほうが影響力が大きいと聞くと，がっかりする臨床家もいるかもしれないが，クライエントが治療のなかで過ごす時間は，治療外で過ごす時間に比べるとほんの少しでしかないし，治療はあくまでもクライエントの人生のほんの一部なのだから，このことは当然と言えば当然であろう。

　また，治療によって治療外要因を変化させることもできるのだから，治療の影響力を悲観することはない。たとえば，刺激統制やソーシャルサポートの構築，あるいは対人スキル訓練などを通して，これら治療外要因を望ましい方向に変化させるようにすればよいのであるし，有能なセラピストは実際にそうしているはずである。

治療関係

　Big4 の第 2 は，「治療関係」である。心理療法において，相互尊重に基づいた受容的で温かい関係が何よりも重要であることには，誰も異論がないだろう。これはどの流派の心理療法においても同じである。

　治療関係は，心理療法の要素に関する研究においては，最も研究が進んでいる分野だと言ってよい。心理療法における治療関係の重要さを明確に概念化したのは Rogers（1957）である。Rogers は，心理療法における望ましい人間関係は，セラピスト側の能力に規定されると述べた。すなわち，セラピストによる共感，傾聴，無条件の肯定的配慮などの治療的態度が必須であるとした。

Horvath & Luborsky（1993）は，心理療法における治療関係には2種類のタイプがあると述べている。第1は，治療初期に生じるもので，セラピストの共感的で支持的な態度によってクライエントが抱く被受容感や安心感に基づくものである。第2は，治療が進むにつれて，問題を克服するためにクライエントとセラピストの間に生じる相互信頼や協働意識に基づくものである。

　このように概念化された治療関係であるが，それが治療結果に肯定的影響を及ぼすということについては，Rogers の時代ではまだ「仮説」「印象」でしかなかった。現在は，この両者の関係についていくつかのメタアナリシスがある（Horvath & Symonds, 1991；Shirk & Karver, 2003；Karver et al., 2006）。

　Harvath & Symonds（1991）のメタアナリシスは，実際のセラピー場面で治療関係を量的に測定し，かつ何らかのアウトカムを報告している研究をデータベースで検索した結果，24件の研究を組み入れている。治療関係の測定には，治療協働関係質問紙（Working Alliance Inventory：WAI）などの尺度が用いられ，評価者は研究によって，クライエント，セラピスト，第三者などまちまちであった。また，アウトカムには状態特性不安尺度（State-Trait Anxiety Inventory：STAI），ベック抑うつ尺度（Beck Depression Inventory：BDI）などが用いられていた。メタアナリシスの結果，全体の効果量は ES＝0.26で，小さい効果が見出されている。

　そのほかのメタアナリシスでもおおむね同様の結果が報告されているが，メタアナリシスに含まれた一次研究は，いずれもいわゆる観察研究であるため，効果量が過大に評価されている危険性などに注意を払わなければならない。この種の研究は RCT が困難であることはたしかであるが，観察研究の場合はバイアスが大きくなることが避けられない。たとえば，セラピストによる治療効果の評定は

甘い判断となりやすく，クライエントや第三者の評定のほうが治療効果をより正確に予測した点については，著者自身も認めるところである。したがって，セラピストの評定に基づく研究にはあまり信頼が置けない。このほかにも，観察研究であるために平均への回帰，ホーソン効果などのバイアスを排除できない。さらに，ポジティブな治療関係をもつことのできるクライエントは，元来優れた対人関係能力を有していたり，治療への期待や熱意が大きかったりすることが予想されるため，彼らの治療結果が良好だったとしても，治療関係の影響なのか，もともと有していた能力や傾向の影響なのかがわからない。したがって，これらのメタアナリシスの結果から示唆されることは限定的である。

特異要因

これらに加え，期待（プラセボ効果）が心理療法における共通要因とされるが，これらが治療において重要であることは疑いの余地がない。しかし，共通要因重視派（ドードー鳥派）最大の論客と言ってよい Lambert ですら，特異要因の大きさを無視することができなかったことは注目に値する。つまり，各治療流派に特異的な「テクニック」の影響が Big4 に含まれているし，その影響力は期待と同程度であると見積もられている。つまり，各流派に特異的なテクニックの差によって，効果にも差が出てくることを認めているのである。

共通要因のみが重要なのであれば，クライエントと温かい治療関係を築き，専門家らしく振る舞いさえすればそれでよいということになってしまう。臨床家が一生懸命学んだ個々の治療技法は，それが専門家をして専門家たらしめているものであるにもかかわらず，ほとんど意味がないということになってしまう。さらに極言すれば，相手の心を上手に操ることのできる，カルト教祖や詐欺師と同じと

いうことにもなってしまいかねない。テクニックという各セラピーに特異な要因が重要なのは当たり前のことである。

ドードー鳥派に反して心理療法の特異要因を重視する立場は，心理療法にとって大切なのは，「何が何に」，つまり「どの問題に対して，どの介入に効果があるか」という問いに正確に答えることの重要さを強調する（Hunsley & Di Giulio, 2002）。そして，そのような問いに答えるべく生まれたのが，次に述べる「実証的に支持された心理療法」（Task Force Promoting and Disseminating Psychological Procedures, 1995）のリストである。

5 実証的に支持された心理療法

アメリカ心理学会（APA）の第12部会（臨床心理学）の特別作業班は，1995年「実証的に確立された心理療法」（empirically validated treatments）のリストを作成し，「十分に確立された治療」18と「おそらく効果がある治療」7，合計25の介入を，実証的に確立された介入の「例」として発表した（Task Force Promoting and Disseminating Psychological Procedures, 1995）。

APAがこのようなリストを作成するに至ったのは，言うまでもなくEBMの動きに触発されてのことであった。作業班の代表であったChambless & Ollendick（2001）によれば，最新のエビデンスによって治療の質を高めることは重要であるが，その一方で，臨床家がつねに最新の研究知見を入手することは現実的に困難であるので，「エビデンスの要約」とも言えるものが必要だという認識から，このリストが作成された。つまり，これはエビデンスを「つたえる」ための試みであるとも言える。

さらに，臨床家の教育・訓練において，このリストがカリキュ

ラムを構成するうえでの指針となることも目指していた。つまり，APA に認可された臨床家養成プログラムでは，リストにある心理療法を教育することが推奨される。これは，科学者－実務家モデルによるセラピストの教育を推し進めようとする APA の方針と軌を一にするものである。

　これらがリストを作成・公開した目的であるため，リストに基づいて臨床家に治療の選択を迫るようなことは意図されていないし，リストはほんの「一例」であって，それほど包括的なものではないことも強調されている（Chambless et al., 1995）。

　その後，リストは改訂・拡大を重ねつつ，名称もより中立的な「実証的に支持された心理療法」（empirically supported treatments）へと変更されているが，最新のものには 35 の問題に対して，合計 71 の治療法がリストアップされている（Chambless & Hollon, 1998；Chambless & Ollendick, 2001）。リストの選定の基準は，表 7.1 に示した通りである。

　さらに，『小児心理学雑誌』（"Journal of Pediatric Psychology"），『児童臨床心理学雑誌』（"Journal of Child Clinical Psychology"），『相談・臨床心理学雑誌』（"Journal of Consulting and Clinical Psychology"）など，さまざまな学術誌が類似の基準によって，独自の「実証的に支持された心理療法」のリストを作成して追随した。表 7.2(章末参照)には，APA のリストに加え，これらのリストもあわせて記してある（Chambless & Ollendick, 2001）。

　APA の特別作業班に代表される立場は，ドードー鳥派とは鋭く対立する。ドードー鳥派が「どの心理療法も同じように効果がある」という漠然とした結論によって粗雑な一般化をしたのに対し，APA のリストは「どの問題に対して，どの介入に効果があるのか」というより具体的かつ実践的な問いへの答えを見出すことを目的として

第7章 心理療法の効果についての論争　203

表7.1　実証的に支持された心理療法の基準

十分に確立された治療

1　少なくとも2つの適切な対照デザインの実験において，以下のうち少なくとも1つの方法で効果が示されていること。

　　A　薬物，心理的プラセボ，または他の心理療法よりも優れている

　　B　適切なサンプルサイズを有する研究で，すでに実証されている治療と同等である

または

2　単一事例デザイン実験の大規模な集積において，以下のような方法で効果が示されていること。

　　A　適切な実験デザインを用いていること

　　かつ

　　B　その介入を他の治療と比較していること

3　実験は，治療マニュアルまたは治療を明確に記述した同等のものを用いて実施されていなければならない。

4　サンプルの特性が明記されていなければならない。

5　効果は，少なくとも2人の異なる研究者またはチームによって示されていなければならない。

おそらく効果のある治療

1　2つの実験が，治療待機対照群に比べてその治療に効果があることを示していなければならない。

または

2　1つ以上の実験が，上の十分に確立された治療の基準1Aまたは1B，3および4の基準に合致していなければならないが，5はその限りではない。

または

3　十分に確立された治療の基準を満たす単一事例デザイン実験の集積が，少数でもなければならない。

実験的な治療

方法論に関する作業班の基準に合致した試験によって，治療が検証されていないもの。

Chambless & Ollendick（2001）

いるからだ。それは，何よりクライエントに対し，エビデンスに基づいた効果的な治療を受けられることを担保しようとするためである（Task Force Promoting and Disseminating Psychological Procedures, 1995）。

この立場は，ドードー鳥派が重視する共通要因の重要性を否定するわけではないが，流派ごとに異なる特異要因の重要性（Lambertの Big4 で言えば「テクニック」）を重視する立場だと言える。精神分析であれ，認知行動療法であれ，治療関係やクライエントの期待（プラセボ効果）が治療効果に及ぼす影響は重要であるが，それに加えて，それぞれの流派特有のアプローチの差もまた重要な治療効果の源泉であると考える。したがって，流派によって治療効果には差が出て然るべきだということになる。

さて，リストを見てみると，最初のリストの「十分に確立された治療」に挙げられた 18 のアプローチのうち，15 が認知行動療法に分類されるものである。改訂された最新のリストでも，71 のアプローチのうち 50 を超えるセラピーが認知行動療法に分類される。これを受けて，当然のことながら，ドードー鳥派や精神力動療法などを支持する心理学者の間から大きな批判が噴出し（実際のところ，ドードー鳥派の中心は精神力動派である），これまた大論争に発展した。

Lambert（2013）は，今なおこのリストを「最も悪名高い愚行」で，融通が利かない押しつけがましいものであり，作業班のメンバーが奨励する少数のセラピーに有利になるように偏ったものであると酷評している。精神力動派の Lambert としては，認知行動療法派が主導して，他の流派を貶めようとするたくらみであるという感情的批判を抱くのも無理はないのかもしれない。しかし，作業班はリーダーこそ認知行動療法派であったが，メンバーには各流派を代表する研究者が含まれていたので，この批判は正しくない。

より建設的な議論のため Lambert の感情的な批判は脇に置いて，それ以外の研究者や臨床家から出されたリストに対する冷静な批判の主たるものを挙げると，以下のようになる。

1. 心理臨床を特定の少数のアプローチに排他的に限定してしまうことは，臨床の柔軟性を排除し，臨床的な革新性をも阻害してしまう。
2. マニュアル化された心理療法のみを対象とするということがそもそも誤りであり，それは心理療法における「アート」の側面を無視している。
3. RCT によって実証された効果に限定していることは問題である。より臨床の実際に即した効果研究（effectiveness study）の結果も考慮すべきである。

まず，そもそもこのリストが作られた目的を再度確認すると，それは，決して批判者が言っているように心理療法の流派間に優劣をつけて特定の流派を貶めるというようなものではなく，EBP 支持の高まりを受けて，心理療法のユーザー（クライエントおよびその家族）が効果的な心理療法を受けやすいようにすること，心理療法の質と効果を高めること，ユーザーや政策決定者に対する説明責任を高めること，セラピストの教育や訓練において効果のある心理療法をカリキュラムに盛り込むこと，そして臨床家がエビデンスのある治療法の一例を簡単に確認できるようにすることなどであった（Task Force Promoting and Disseminating Psychological Procedures, 1995）。こうした意味において，「一般的に心理療法には効果あり」というようなドードー鳥評定では不十分で，1 つひとつの具体的な障害や状態に対して，どの心理療法に効果があるのかというエビデンスを

明確に示さなければ，その目的を果たせない。

　米国の場合，心理療法も保険（マネージドケア）の対象となることから，保険の支払対象となるためには，科学的なエビデンスのある治療を明確にすることが求められたという実際的な事情もあるだろう。しかし，何よりも心理療法の領域に EBP を浸透させることによって，クライエントや社会全体が心理療法から最大の恩恵を受けられるようにすることが重要な目的であった。

リストは心理療法を排他的に限定するものか？

　さて，個別に上記の批判への反論を行なってみよう。まず，リストが心理療法を少数に限定しているという批判である。これについては，何度も強調されているように，リストに挙げられた心理療法はエビデンスの認められた心理療法の「一例」であって，すべてではない。したがって，基準に見合うようなエビデンスを有した心理療法があるのにリストから漏れていたのであれば，その療法を支持する者は，そのエビデンスを学術的な場においてきちんと発表をすればよい。自分が行なっている療法がリストにないからといって，リストやエビデンスを感情的に批判するのは筋違いである。また，繰り返し強調するように，リストやエビデンスを無視して，他の基準，すなわち，専門家の意見，自分の臨床経験，事例，同僚の意見などに依拠することも間違いである（Stewart & Chambless, 2007）。

　また，リストは当然のことながら，現行の治療しか対象にしていない。すでに広く実施されていて，複数の対照試験があることが条件だからである。しかし，だからといって，新しい心理療法を排斥するものではないし，心理療法の革新を阻害するわけでもない。むしろ，新たな臨床研究（RCT）の実施を刺激しているとも言える。新たな心理療法や技法を開発したのであれば，広くクライエントに

用いたり，華々しく宣伝したりするより前に，きちんと臨床試験を
行なうことは開発者の責任である。

リストはマニュアル化を重視し，心理療法のアートたる側面を無視しているか？

　次に，心理療法はアートの側面があるので，マニュアル化された
心理療法は，アートとしての良い面を殺してしまうという批判であ
る。たしかに，心理療法は機械やロボットが行なうのではなく，人
と人とのかかわりのなかで行なわれる，すぐれて個別的かつ人間的
な営みである。とはいえ，どのようなマニュアル化された心理療法
も，そのマニュアルはセラピストの一挙手一投足や一言一句を事
細かに規定しているわけではない。それはセラピーの枠組みを示
し，最低限セラピストが行なうべきことを規定しているだけのもの
であるし，セラピストの力量や個性が活かされる余地は多分にある
（Chambless & Ollendick, 2001）。

　第2章でもふれたように，「アーティスト」とも呼ぶべき並外れ
た力量を有するセラピストもいるであろうが，その「アート」をす
べてのセラピストに求めることはできないし，すべてのクライエン
トが「アーティスト」の治療を受けることは，現実的には不可能で
ある。だとすれば，せめてセラピー全体の底上げをすることが現実
的な選択であり，そのためには，セラピーを忠実に実施すること
（fidelity）を確実にするほうがより重要である。そしてその枠組み
のなかで，「アート」を活かせる者は活かしていけばよい（flexibility
in fidelity）（Lilienfeld et al., 2013）。

　実際，エビデンスによれば，マニュアルに従って実施された治
療のほうが，自由度の高い治療よりも優れており（Crits-Christoph,
1992；Schulte et al., 1992），データに依拠したほうが経験に依拠する

よりも臨床判断が正確になる（Dawes et al., 1989）。セラピスト本人は「アート」を実践しているつもりでも，実際は独りよがりな「改悪」であることが多いのだ。

リストが選択基準を RCT に限定したことは問題か？

最後に，リストが選択基準を RCT に限定したことへの批判であるが，エビデンスは質の高いものに限定するという EBP の原則に従えば（APA Presidential Task Force on Evidence-Based Practice, 2006；Sackett et al., 2000），この作業班の判断は正しく，批判には当たらない。効能研究（efficacy study）だけでなく効果研究（effectiveness study）をも考慮すべきという主張にも与することはできない。すでに述べたように，後者は内的妥当性が低いため，エビデンスとするには危険だからである。

むしろ，私はリストの基準が甘すぎるという点において，作業班には批判の余地があると考える。このことは作業班自身も認めるところではあるが（Chambless et al., 1995），RCT がわずか 2 つあればよいというのは，はなはだ貧弱な基準であり，さらに，付加的とはいえ単一事例実験でもよしとしているところはまったく不適切である。むしろ，基準をより厳格にし，メタアナリシスが 2 つあるくらいの心理療法を選択するようにすべきである。そうすると，リストに載せることのできる心理療法は 10 くらいにまで減ってしまうかもしれないが，リストの目的は心理療法の数を増やすことではもちろんない。甘い基準によってありとあらゆる心理療法が含まれるようになってしまって，それこそドードー鳥が不死鳥のようによみがえってしまったのでは，リストの意味がない。

6　わが国における心理療法の評価研究

　ところで，これまでに見てきた心理療法の効果についての研究や論争は，主として北米においてなされたものである。翻って，わが国における心理療法の効果に関する研究は，悲しいくらいに見劣りがする。

　わが国では，臨床研究と言えば事例研究しかないと言っても過言ではない状況なのだから，彼我の研究の質の差は歴然としている。これは何も臨床心理学に限ったことではなく，ヘルスケア領域全体に言えることでもある。

　このような事情から，わが国における心理療法の評価研究をつぶさにレビューしてもあまり意味がないので，ここでは，箱庭療法の効果に関する研究を概観するにとどめることとする。なぜなら，箱庭療法の現状は，わが国の臨床心理学の「ガラパゴス状態」を非常によく表わしているからである。

箱庭療法の評価研究

　箱庭療法は，スイスに留学中に河合隼雄が「直観的閃き」によって「これは日本人に合ったセラピーだ」と考え，日本に持ち帰って普及させた療法であるとされている（伊藤，1988）。その源流はイギリスでの Lowenfeld，スイスでの Kalf の実践にまで遡るが（河合，1969），現在公式な心理療法の場面で箱庭療法がこれほど広く実施されているのは，世界中を見渡しても日本くらいのものである。

　実際，日本語論文のデータベースである CiNii で「箱庭療法」と検索すると 324 件がヒットするが，英語論文のデータベース PsycINFO で "sandplay therapy" を検索すると 380 件しかヒットしない。日本語のみの論文と世界中で発表された英語論文の数

とがほぼ等しいのは大変奇妙なことである。ちなみに「精神分析（psychoanalysis）」は CiNii で 3,954 件，PsycINFO で 72,356 件，「認知行動療法（cognitive-behavioral therapy）」は CiNii で 5,449 件，PsycINFO で 12,025 件，「行動療法（behavior therapy）」は CiNii で 6,612 件，PyscINFO で 88,187 件で，それぞれ桁違いである。

　つまり，箱庭療法は論文自体がきわめて少なく，精神分析や認知行動療法の論文と比べると，その数は 2 桁も違う。そして，絶対数は少ないものの，日本語の論文が世界でも突出して多いということがわかる。

　また，箱庭療法に関する日本語論文には共通した大きな特徴がある。それは，①論文のほとんどすべてが事例研究である，②その多くは，「紀要」など比較的審査のゆるやかな媒体で発表されている，③それぞれの論文においては，引用文献が非常に少なく，かつ引用されているのは日本語の論文ばかりである，という点である。

　たとえば，最近の『臨床心理学』誌での箱庭療法の特集（第 7 巻 6 号，2007）と，『精神療法』誌の認知行動療法の特集（第 37 巻 1 号，2011）を比較してみると，箱庭療法特集では 11 本の論文が掲載されているが，各論文の平均引用文献数は，5.18 ± 3.76 本であるのに対し，認知行動療法特集の 10 本の論文では，平均引用文献数は，11.1 ± 10.4 であった（t(19) = −1.76，p < 0.10）。英語引用論文に関しては，箱庭療法が平均 0.54 ± 1.03 本であるのに対し，認知行動療法は，平均 8.0 ± 11.29 本であった（t(19) = −2.18，p < 0.05）。さらなる特徴を挙げると，箱庭療法の引用文献は著者自身のものが多く，英語の文献であっても翻訳されたものがほとんどという点である。

　このことから言えることは，箱庭療法の研究は非常に内に閉じているということである。国内の研究，しかもほとんどが自分自身の

過去の研究ばかりを引用して，海外はおろか国内の研究動向にもほとんど関心をもたず，論文を書いているという実態が浮き彫りになる。このような研究姿勢は，非常に危険である。自分に都合のよい論拠ばかりを引用していたのでは，確証バイアスの恐れがきわめて大きくなり，それはもはや学術論文と呼んでよいかどうかも疑わしい。

　さらに，事例研究ばかりであることも問題である。実際のところ，調べた限りでは箱庭療法の RCT は，国内外を通して 1 本も存在しなかった。繰り返しになるが，いくら事例を集積しても，それはデータではない。このことを考えると，箱庭療法にはその効果を支持する実証的なエビデンスが皆無であるにもかかわらず，わが国の臨床場面で広く実践されつづけていることになる。いくら偉大な先達であるとはいっても，その「直観」が正しいのか否か，それは検証してみないとわからない。先人を崇めたてるばかりで，言うことなすことすべて正しいとするのであれば，もはやそれは学問ではなく宗教に近い。

＊

　以上，アメリカを中心とした心理療法の効果に関する論争の流れを概観し，最後に少しわが国の状況も紹介したが，エビデンスの指し示すところは，異なった種類の心理療法の間には，その効果に関して有意な差があるということでほぼ間違いない。そして，クライエントの特性と症状に合わせて，最善の治療を選んで提供するのがEBP であるから，これからの心理臨床家には，最低限でも「どの問題に対して，どの介入に効果があるか」という問いに答えられるだけの専門性を有し，その介入を身に付けるべく訓練を行なうことが必要になるだろう。もちろん，エビデンスは硬直したものではなく，

212 第4部 エビデンスと心理療法

むしろ研究の進展につれて目まぐるしく変化するものである。した
がって，つねに最新のエビデンスを「つかう」ように日々の研鑽を
怠ってはならない。

　次章では，疾患ごとの現時点でのエビデンスの概要を紹介する。
今後の臨床と研究においての指針としていただきたい。

表 7.2　実証的に支持された心理療法のリスト

障害	治療	十分に確立 (I)	おそらく効果的 (II)	有望 (III)
不安およびストレス障害				
広場恐怖／広場恐怖を伴うパニック障害	認知行動療法	A, E, F	E	
	曝露療法に加えてカップル・コミュニケーション訓練		A, D	
	曝露療法	A, D, E, F		
	パートナーに補助された認知行動療法		D, F	
流血外傷恐怖症	応用緊張法		F	
	曝露療法			E
全般性不安障害	応用弛緩法	F		E
	認知行動療法	A, D, E, F	A, D, E	
老人性不安症	認知行動療法		E	
	リラクセーション		F	E, G
強迫性障害	曝露療法＋反応制止	A, D, E, F	E	
	認知療法		A, D	E
	論理感情療法＋曝露療法			E
	家族に補助された論理感情療法＋リラクセーション		D	
	リラプス・プリベンション		A	

214　第4部　エビデンスと心理療法

パニック障害	応用弛緩法	F	A, D, E
	認知行動療法	A, D, E, F	E
	情動焦点療法		F
	曝露療法	E	D, E
心的外傷後ストレス障害	EMDR	F	A, D
	曝露療法	F	A, D
	ストレス免疫療法	E	A, D
	認知療法と組み合わせたストレス免疫訓練＋曝露療法	E	E, F
	構造的精神力動療法		E
スピーチ不安症	系統的脱感作		A
社交不安／恐怖症	認知行動療法	E, F	A, D, E
	曝露療法	E	A, D, E, F
	系統的脱感作		A
単一恐怖症	曝露療法	A, E, F	E
	系統的脱感作		A
ストレス	ストレス免疫訓練	A	
物質乱用と依存			
アルコール乱用・依存	コミュニティ強化	E, F	A, D, E, F
	キューへの曝露		A, D
	キューへの曝露＋衝動コーピング		D
	入院治療でのキューへの曝露		
	動機づけ面接法		A
	行動的夫婦療法＋ジスルフィラム	E	E
	入院治療でのソーシャルスキル訓練	E, F	A, D, E, F

パニック障害患者のベンゾジアゼピン離脱			
認知行動療法		A	
コカイン乱用			
行動療法		A	
認知行動療法、リラプス・プリベンション		A, D	
オピエート依存			
行動療法（強化）		D	
短期力動療法		A, D	
認知療法		A, D	
うつ病			
双極性障害			
心理教育	E, F	F	
服薬遵守のための認知行動療法	E, F	F	
家族療法	E, F		F
老人性抑うつ			
行動療法	E, F	E, G	
短期精神力動療法	E, F	E, G	
認知行動療法	E, F	A, E, G	
対人関係療法		F	
問題解決療法		E, G	
心理教育	F		
回想療法（軽症−中程度）	F	A, G	
大うつ病			
行動療法	A, F	D	
行動的夫婦療法（夫婦間の問題を有する者）	F	D	
短期力動療法		A	
認知行動療法	A, D, E, F	E	E
対人関係療法	A, E, F	D, E	
セルフコントロール療法		A, F	
社会的問題解決療法		A, D	

健康上の問題

健康上の問題	心理療法			
無食欲症	行動療法	E	E	
	行動的家族システム療法		F	
	認知療法	E	E	
	家族療法			F
むちゃ食い障害	認知的体重コントロール	F	F	
	認知行動療法		A	
	対人関係療法		A, F	
大食症	認知行動療法	A, E, F	D, F	
	対人関係療法	E	A, D, E, F	
がん性疼痛	認知行動療法			H
化学療法の副作用（がん患者）	誘導イメージ療法を伴う、または伴わない漸進的筋弛緩法		D	
慢性疼痛（さまざまな）	認知行動療法＋物理療法		A, D, H	
	筋電図バイオフィードバック		A	
	オペラント行動療法		A, D	
慢性腰痛	認知行動療法	H	A, D	
	オペラント行動療法		D	
頭痛	行動療法	A		
突発性疼痛	認知療法			H
過敏性腸症候群	認知療法		A, D	
	催眠療法		D	
	多要素認知行動療法		A, D	

疾患	治療法		
片頭痛	EMGバイオフィードバック+リラクセーション		D
	皮膚温バイオフィードバック+リラクセーション訓練		A, D
肥満	認知行動療法+催眠		A
レイノー病	皮膚温バイオフィードバック		A
リウマチ性疼痛	多要素認知行動療法	A, D, H	
鎌状赤血球症	多要素認知療法		A
禁煙	集団認知行動療法		D
	多要素認知行動療法とリラプス・プリベンション	A, D	
	計画的減煙+多要素行動療法		A, D
身体表現性疼痛障害	認知行動療法		F
夫婦間の不協和	行動的夫婦療法	A, D	
	認知行動療法		D
	認知療法		D
	情動焦点カップルセラピー		A, D
	洞察焦点夫婦セラピー		A, D
	システミックセラピー		D
性機能不全			
勃起障害	性的不安の低下とコミュニケーション改善を目指した行動療法		E
	性的不安の低下とコミュニケーション改善を目指した認知行動療法		E

障害	療法			
女性の性欲低下	Hurlbert の統合療法			
	Zimmer の統合セックス・夫婦セラピー	A, D	A, D	
女性のオルガズム障害/性機能不全	行動的夫婦療法＋Masters & Johnson 療法	D		
	Masters & Johnson のセックスセラピー	A, D		
	性的スキル訓練	D		
早漏	行動療法			E
膣痙	曝露に基づいた行動療法	E	E	
その他				
回避性パーソナリティ障害	曝露療法	E	F	
	社会技能訓練		E, F	
身体醜形障害	認知行動療法		F	
境界性パーソナリティ障害	弁証法的行動療法	E	A, E, F	F
	精神力動療法			
認知症	行動的問題の環境レベルに働きかける行動的介入	G	G	
	認知機能低下を遅らせるための記憶および認知的再訓練			
	リアリティ・オリエンテーション		G	E
老人介護ストレス	心理教育		G	
	心理社会的介入	E	E	E
心気症	認知行動療法			F
パラフィリア/性犯罪者	行動療法		A	
	認知行動療法		A	F

障害	治療法		
統合失調症	アサーティブ・ケースマネジメントと社会学習／トークンエコノミー・プログラム	F	F
	行動療法		F
	臨床的ケースマネジメント（妄想に対して）	F	E, F
	認知療法（妄想に対して）		
	行動的家族療法	D, E, F	A, E
	家族システム療法		D
	社会学習プログラム	F	
	社会技能訓練	F	A, D
	支持的集団療法	F	F
	支持的長期家族療法	D	
	社会生活プログラムの訓練	F	
重度の精神障害	支持的雇用	A, F	A, F
睡眠障害	行動療法		F
	認知行動療法（老人性睡眠障害）	G	G
望ましくない習癖	ハビット・リバーサルとコントロール・テクニック	A	A

(Chambless & Ollendick (2001) から引用)

(注) A：アメリカ心理学会特別作業班 (Chambless & Hollon, 1998)
B：Journal of Pediatric Psychology（小児心理学誌）の特集 (Spirito, 1999)
C：Journal of Clinical Child Psychology（臨床児童心理学誌）の特集 (1998)
D：Journal of Consulting and Clinical Psychology（相談・臨床心理学誌）の特集 (Kendall & Chambless, 1998)
E：What Works for Whom? (Roth & Fonagy, 1996)
F：A Guide to Treatments That Work (Nathan & Gorman, 1998)
G：Wilson & Gil (1996)

※太字は、APAのリストで「十分に確立された治療」とされるもの。
※EがカテゴリーⅠとⅡの両方に記載されているものがあるが、当該文献の記述では分類が不明確であることによる。

第8章

疾患別のエビデンス

　前章では，「心理療法には一般的に効果がある」というドードー鳥評定の問題を指摘し，心理療法の受益者（つまり，クライエント）にとって真に意味のある問いは，「どの問題に対し，どの介入に効果があるのか」という個別具体的な問いであるということを強調した。そして，その立場に立つ動きの一例として，アメリカ心理学会の「実証的に支持された心理療法」のリストについて紹介した。

　本章では，いくつかの代表的疾患を取り上げ，コクランレビューをはじめとする現時点での最新最善のエビデンスを疾患ごとに紹介していく。

1　不安障害

　不安障害への心理療法に対するエビデンスは，非常に多くの蓄積がある。DSM-5（American Psychiatric Association, 2013）によれば，不安障害には全般性不安障害，パニック障害，社交不安障害などが含まれる。

認知行動療法

　不安障害に対する認知行動療法の効果については，先に紹介した通りである。しかし，治療の対象が一般人口とは別の配慮を要するようなサブグループである場合，治療ニーズや効果が異なることが予測され，一般的なエビデンスをそのまま適用することには注意が

必要である。たとえば，感冒薬を飲むにしても，大人と子どもでは
用量や禁忌が異なるわけであり，心理療法についても大人と子ども
ではアプローチが異なったり，効果が異なったりすることが当然予
想される。ほかにも，高齢者，女性（または男性），妊婦，人種や
民族の違いなどのサブグループに応じて，エビデンスを適用する際
には留意しなければならない。

　だとすれば，ここに紹介するエビデンスは，主として欧米の研究
をもとにしたものであるため，それをそのまま文化的社会的背景の
異なったわが国にも適用できるかどうかには疑問が残る。つまり，
今後の課題として，これまで欧米の研究者任せであったメタアナリ
シスや系統的レビューを（あるいはせめて RCT を），日本人クライ
エントのために行なわなければならないことは言うまでもない。

　さて，ここではまず，このようなサブグループに対する認知行動
療法のエビデンスとして，若年層の不安障害に対する認知行動療法
の効果を見てみたい。James et al.（2005）によるレビューでは，認知
行動療法の適用にあたっては，ある程度の認知的発達が必要である
ため，合理的な基準に照らして自らの思考や信念を検証することが
できる能力や，セラピストの教示に従って認知行動的課題を遂行す
る能力（例：不安を喚起させるものをイメージしながら，筋弛緩を
行なう）などが十分に発達していない子どもに対し，認知行動療法
がどれほど有効なのかを検証することの重要性が強調されている。

　レビューに含まれた研究は 13 の RCT であり，マニュアル化され
た認知行動療法を少なくとも 8 セッション行なっていることが選択
条件とされた。選択された研究において用いられていた治療技法は，
不安や不安に関連する身体症状の認識を高めるための訓練，不安を
喚起する状況を認識するための訓練，それらの状況に対処するため
のコーピング・スキル訓練，不安喚起刺激への漸進的な曝露（通常

はリラクセーション訓練を併用）などである。

　厳格な ITT 解析の結果，認知行動療法を実施した場合，およそ 56％ のケースで症状が軽快したのに対し，治療待機群は約 28％ であった。これを NNT（Number Needed to Treat：治療必要数）に換算すると，3（95％CI＝2.5-4.5）であった。NNT というのは効果量の一種であり，効果が 1 名に現われるまでに，何人の治療が必要であったかということを表わす指標である。値が大きいほど効果は小さいということになる。3 というのは，NNT としてはかなり小さな値であり，効果が大きいことを示している。このことから，認知行動療法は，子どもや青年に対しても明確な効果があることがわかる。特に，子どもや若者の場合，抗うつ薬（SSRI）の安全性についての懸念が大きいため，心理療法の重要性は大きい。ただし，治療待機群との比較であることから，その効果が過大評価されている可能性が大きいことにも注意を払う必要がある。

　成人に比べ，子どもや青少年を対象にした研究は，はるかに数が少ないことが問題である。したがって，子どもを対象にした認知行動療法を厳格な方法で評価する研究が，今後ますます必要になる。また治療効果をさらに高めるための研究や，個人療法と集団療法，あるいは家族療法のどれが最も適しているかといった治療のモダリティに関する研究も必要となるだろう。

運動

　適度な運動にはさまざまな効果があることは，今さら言うまでもない。特に肥満や生活習慣病の予防・治療における運動の効果には，確固としたエビデンスがあるが（WHO/FIMS Committee of Physical Activity for Health, 1995），精神疾患についてはどうだろうか。Larun et al. (2006) は，子どもや若者に限定して，エクササイズが不安や

抑うつに及ぼす効果を検証した。

　レビューに含まれたのは，合計 1,191 人（11 〜 19 歳）を対象とした 16 の研究である。ただし，いずれも研究の方法論的な質はあまり高いとは言えず，対象者や介入方法も多種多様で，研究間の異質性が大きかった。たとえば，7 つの研究は一般の子どもや若者を対象としていたが，3 つの研究は精神科治療を受けている子どもを対象としており，非行少年や特別支援教育を受けている少年を対象とした研究もあった。エクササイズの種類は，有酸素運動（ウォーキング，ランニング，エアロビクスなど）が 14 研究で，2 研究がウェイト・リフティングであった。

　メタアナリシスの結果，全般的に運動にはうつや不安のスコアを低減する効果はあったが，その効果は小さく，有意なものではなかった。したがって，運動が子どものうつや不安を軽減する効果に関しては，研究の少なさや多様性ゆえに，エビデンスがあるとは言えない状況である。したがって，今後若年層を対象にした運動の効果を検討するための一次研究が必要であると言える。

　このレビューのように，レビューに含まれる研究に**異質性**が目立つとき，異質な研究を統合するメタアナリシスについて，「リンゴとミカンを混ぜ合わせるようなもの」という批判がなされることが多い。「運動」という上位概念では同じであっても，有酸素運動とウェイト・リフティングの効果を「混ぜ合わせる」ことに意味があるのかどうか，レビュー著者は合理的な説明をする必要があるし，場合によっては，それぞれの運動の種別ごとに統合，比較するようなサブグループ解析を行なうことが妥当である。本レビューでも，そのような比較がなされているが，運動の種類や強度による効果の違いは見出せなかった。

瞑想

瞑想やマインドフルネス認知療法は，近年多大な注目を集めている。特に，アメリカでは相次いで論文や書籍が発表されており，第三世代の認知行動療法などと呼ばれている。瞑想やリラクセーションは，伝統的な行動療法においても重要な治療要素のひとつであったが，瞑想は単にリラックスをもたらすにとどまらず，われわれの意識状態や認知の様式を変える作用のあるものとしてとらえられている。つまり，単に緊張のない状態として体験されるリラックスを超え，新たな体験や気づきがあるという状態を体得するための技法がマインドフルネス瞑想である（Kabat-Zinn, 1990）。

Krisanaprakornkit et al.（2009）は，不安障害に対する瞑想の効果を検証しているが，この分野の一次研究はまだ非常に少なく，本レビューに含まれた研究はわずか2本しかなかった。いずれも RCTではあったが，研究法もあまり頑健なものとは言えなかった。メタアナリシスの結果でも，有意な効果量は得られなかった。ただし，これは異なる種類の瞑想法同士の比較であったため，無治療群と比較をするようなデザインの RCT に比べて効果量が小さくなったという点も理由として挙げられる。また，治療からの脱落が大きい点も問題であった。

このような結果を見ると，現時点では瞑想の治療効果に関しては，エビデンスがあるとは言えない。また，瞑想には少ないながらも意識変容に伴う副作用も報告されているため，今後一層慎重な検討が必要である。

セラピューティック・タッチ

セラピューティック・タッチ（Therapeutic Touch：TT）は，1970

年代に Krieger によって開発された治療技法である。TT のセラピストは，心身の不調は，われわれを取り巻く環境とわれわれ自身の「動的なエネルギーの場」の不調和によって引き起こされると考える。治療は，およそ 30 分間，セラピストが患者の体に触れながら，優しく手を動かすことによって，エネルギーの流れをスムーズにし，周囲のエネルギーの場との不調和が解消されることによってもたらされるという（Krieger, 1993）。現在では，アメリカだけでなく，世界中の 70 カ国において実践されている。

　Robinson et al.（2007）は，不安障害の成人に対する TT の効果を，プラセボ（TT の動作の真似をするが，実際には TT を行なっていない），薬物療法，心理療法などと比較した。アウトカムとしては，自記式質問紙によって測定された不安スコアと主観的判定が用いられている。

　TT は，言ってしまえばホメオパシー同様，理論的基盤がきわめて非合理的で，一種荒唐無稽な治療法であると言えるだろう。しかし，荒唐無稽だから効果などあるはずがないという考え方は科学的ではない。われわれの心身には，現在の科学や医学では解明できていない領域がたくさん残されているのだから，われわれの知りえないメカニズムによって，TT が効果をもたらしている可能性は否定できないからだ。したがって，科学的検証をすることが重要なのである。

　とはいえ結局のところ，コクランレビューでは，不安障害に対する TT の効果を支持するエビデンスを見出すことができなかった。それは，TT の効果に関するランダム化試験や準ランダム化試験が皆無であるからだ。

　したがって，TT を実践しているセラピストは，何の科学的根拠もなくそれを行ない，効果を喧伝しているということになる。これ

は非常に無責任かつ危険な態度であると言わざるを得ない。クライエントに対して何らかの新奇な治療法を行なうのであれば，その前にそれには効果があるのか害がないのかを科学的研究によって明確に示すべきである。科学的根拠を欠いているセラピーは，もはや治療ではなく危険な人体実験であると言っても過言ではない。効果がないならまだましなほうで，有害であるかもしれず，その害は実際にクライエントの心身に現われない限り，誰もわからないということになる。しかも，効果も害もわからずにクライエントの身体に触れるという行為には，倫理的な問題が大きい。

　付言すれば，外傷に対する TT の効果についても，コクランレビューで否定されている（O'Mathuna & Ashford, 2003）。また，アメリカでは不用意に TT を用いたセラピストが，州から懲戒処分を受けている（Lohr et al., 2004）

　このほか，タッピングや思考場療法（Thought Field Therapy：TFT）などと呼ばれる類似の「技法」が数多く乱立しており，かなりの数の書籍が出版されている。そして，臨床心理の現場でこれを活用しているセラピストも少なくない。しかし，TFT に関しても，評価研究は４件しかなく，それらについても，ラジオ番組のリスナーから得たデータに基づいている，対照群を欠いている，適切な統計的検定を行なっていないなど，いずれも著しく研究の質が低い（Lohr, 2001）。

　わが国でも，タッピングタッチ協会，日本 TFT 協会などが「インストラクター」の養成を行ない，さまざまな「臨床」活動を行なっている。前者については，そのサイトに以下のような解説がある。

　　簡単な技法でありながら，「不安や緊張が軽減する」「肯定的感情が高まる」「信頼やスキンシップが深まる」などの効果があり，対人援

助においてとても役立ちます。簡単なので，子どもや障害のある人でもできるうえ，専門的な利用が可能なため，心理，教育，医療，看護，介護など，さまざまな分野での利用が広がっています。

このほかにも，「幼い頃のことなどを思い出し，穏やかな気分になる」「身体的ストレス症状が減る」「血行がよくなり，身体があたたかくなる」「麻痺していた身体感覚が正常になる」「副交感神経やセロトニン神経が活発になる傾向がみられる」「話しやすくなる，話したくなる」「自立した関係でお互いがサポートしあえる」などの「効果」を謳っており，さらには「臨床的な利用からは，不安から来る緊張，うつ的な症状，トラウマ，神経症，心身症，不眠症等を含むさまざまな症状に対して，直接または補足的効果が確認されています。神経生理リサーチでは，脳のα波とセロトニンが増加することが分かってきました」「日常生活と専門分野での利用が広がることによって，個人，家族，コミュニティ，そして地球全体の健康が促進されます」と書かれている。

科学的検証が皆無であるにもかかわらず，何にでも効く（地球にまで効く？）というのはまさしく疑似科学によく見られる宣伝文句であり，こうした介入を安易に行なうことは，危険である。

わが国の薬事法では，栄養補助食品やサプリメントなどは，治験を行なっていないため，明確な効果を表示することが禁じられている。したがって，「がんに効く」「老化防止」のように効能効果を表示することはできない。代わって，「忙しい毎日のために」「いつまでも自分の力で歩み続けたい」などのようなあいまいな表現での宣伝しか許されていないのが現状である。しかし，こと心理療法に至ってはどうだろう。RCT はおろか，きちんとした評価研究すらなくても，「不安が軽減する」「何にでも効く」「地球全体にまで効く」

228 第4部 エビデンスと心理療法

など言いたい放題の野放し状態である。今後は心理療法においても，クライエントを無効または有害な「セラピー」から守るため，薬事法に準じた厳しい規制を行なうべきである。

2 心的外傷後ストレス障害

心的外傷後ストレス障害（Post-Traumatic Stress Disorder：PTSD）は，生命を脅かすような事件・事故や災害など非日常的トラウマ体験の後，トラウマ体験の反復的な想起，苦痛，反応性の麻痺，覚醒亢進症状などが引き起こされる状態を指す。DSM-IVまでは「不安障害」に含まれていたが，DSM-5からは独立した1つの疾患単位となった。

曝露療法

曝露療法は，認知行動療法の一種であり，恐怖症などの治療においても一般的に活用されるが，PTSD治療においても，そのトラウマの原因となった出来事に対し，段階的に曝露していく手続きを取る。

Bisson et al.（2013）は，PTSDに対するさまざまな心理療法の効果について，メタアナリシスを行なっている。参加者は成人のPTSD患者で，対象となった研究はすべてRCTである。アウトカムは，PTSD症状を測定する標準化された尺度のスコアである。

649人の参加者を対象にした14の研究が，治療待機群との比較を行なっていたが，その結果曝露療法に有意な効果が見出された（SMD＝－1.40，95％CI＝－1.89－－0.91）。ただし，研究間の異質性が大きかった。また，ストレスマネジメント訓練との比較を行なった研究も6本あった。治療直後の比較では有意差はなかったが，2～5カ月間のフォローアップ時点では，曝露療法のほうが有意に

大きな効果を示していた（SMD＝−0.48，95%CI＝−0.84−−0.12）。いずれの研究においても副作用は報告されていなかった。

　これらの結果から，曝露療法には PTSD の治療において，有効性を支持するエビデンスがあると言ってよいだろう。ただし，治療からの脱落が比較的多かったことも報告されている。したがって，治療においては，どのようにして脱落を予防するかに注意を払うことが重要になってくる。

EMDR

　EMDR（Eye Movement Desensitization Reprocessing：眼球運動による脱感作と再処理法）は，両眼をすばやく左右に動かしながら，トラウマとなった出来事へのイメージ，思考，感情などに焦点を当てて想起させるという治療法であり，Shapiro によって開発された（Shapiro, 1989）。

　Bisson et al.（2013）のレビューでは，EMDR を治療待機群，曝露療法およびストレスマネジメント訓練と比較している。いずれの研究もサンプルサイズがあまり大きくなく，また研究によってセッション数がまちまちであるなどの異質性が見られている。治療待機群との比較では，EMDR のほうに有意な効果があった（SMD＝−1.51，95%CI＝−1.87−−1.15）。一方，曝露療法との比較では，効果に有意な差はなかった。ストレスマネジメント訓練との比較では，治療直後には有意差はなかったが，治療後 2 〜 5 カ月のフォローアップ時点で，EMDR のほうに有意な効果があった（SMD＝−0.59，95%CI＝−1.08−−0.09）。これらの結果から，EMDR は PTSD の治療において，曝露療法と同等の効果があることが示されたと言える。

　しかし，その一方で，EMDR に関して否定的な研究も少なからず発表されている。たとえば，Devilly et al.（1998）は，EMDR と「プ

ラセボ EMDR」とも言える方法の比較を行なっている。プラセボ
EMDR では，眼球運動を行なわない以外は通常の EMDR と同様に
トラウマ体験の想起などを行なうイメージアナログ介入を実施した。
その結果，両群とも症状の改善が見られたが，群間には有意差はな
かった。つまり，EMDR においては，眼球運動という要素は必要
なく，それ以外のイメージアナログ的体験に効果があるのではない
かということが示唆される。したがって，今後は理論的根拠の発展
も含めて，より厳密な方法による臨床研究やメタアナリシスが必要
となる。

心理的デブリーフィング

第3章「6　エビデンスを軽視したらどうなるか」でも述べたが，
心理的デブリーフィングとは，PTSD の予防として広く用いられて
きた介入である（Mitchell & Everly, 1997）。トラウマ的な出来事を体
験した後に，そのできごとを想起させたり，追体験させたりするこ
とによって，カタルシスを促進させることが，PTSD の予防につな
がると考えられている（Rose et al., 2002）。世界中のさまざまな国々
で，大災害の後に救助活動にあたった警察官や消防士などに対して，
あるいは事故や事件の被害者などに対して行なわれることがある。

Rose et al.（2002）は，シングルセッションの心理的デブリーフィ
ングの効果について，メタアナリシスを行なった。メタアナリシス
には 6 本の RCT が含まれ，参加者はトラウマ的な出来事の後，病
院に搬送された人々など 1,745 名であった。アウトカムには一般
的な PTSD の尺度であるイベント・インパクト尺度（The Impact of
Event Scale：IES）が用いられた。比較した介入は，問診票への記入，
問診，スクリーニングなどであった。

その結果，PTSD の診断をアウトカムにした場合，3 カ月後，3

～ 6 カ月後，6 ～ 12 カ月後の時点では有意差はなかったが，13カ月後の時点で対照群のほうに有意な望ましい効果（OR = 2.51，95%CI = 0.24 – 5.09）があった。換言すれば，心理的デブリーフィングを行なった群のほうが，有意に PTSD と診断されることが多く，それは対照群の約 2.5 倍に上ったということである。特に，ベースライン時（介入前）に IES のスコアが悪かった参加者に対する害が大きかった。

この結果について，Rose et al.（2002）は，「セカンド・トラウマ」の可能性を示唆している。つまり，トラウマから間もない時期にそれに直面させられたことによって，クライエントの症状が悪化したのではないかと考えられるのである。心理的デブリーフィングは，トラウマに曝露させるという点で曝露療法と似ているが，曝露療法の場合は，リラクセーションなどを行なって情緒的な安定状態との連合を図るなどの手続きを行なう点が大きな相違点である。また，介入の時期に関しても，デブリーフィングはトラウマ体験の直後に行なうということが特徴である（PTSD の予防的ケアであるため）。

レビュー著者は，この結果を受けて，心理的デブリーフィングはトラウマケアとしては推奨できないため，「強制的なデブリーフィングは中止すべき」と結論づけている。慎重な言い回しの多い学術論文にはめずらしく，非常に厳しい調子での警告である。このほかにも，多くの記述的レビューや論文が，デブリーフィングの害について報告し，注意を喚起している（Lohr et al., 2004）。

3 うつ病

うつ病に対する心理療法の有効性については，数多くのエビデンスが蓄積されている。その大部分を占めているのが，認知行動療法

232 第4部　エビデンスと心理療法

についてのエビデンスである。しかし，近年それ以外の介入法についても，わずかではあるがエビデンスが産出されはじめている。

認知行動療法

認知行動療法は，心理療法のなかでは最も多くの評価研究がある。しかし，意外なことにコクランレビューを"cognitive-behavioral therapy"で検索してもあまりヒットしない。それは，これが MeSH 用語ではないからで，代わりに"cognitive therapy"で検索するとよい。また，うつ病への心理療法に関しては，"depression"とともに"psychotherapy""psychosocial therapy"などのより一般的な用語で検索すると，複数のレビューがヒットする。そして，そこで検証されている psychotherapy は，大部分が認知行動療法である。

さて，まず行動療法を他の心理療法と比較したレビューを見てみたい（Shinohara et al., 2013）。そこには 25 の RCT が組み入れられているが，行動療法と比較されているのは，認知行動療法，第三世代の認知行動療法，精神力動療法，人間学的療法などである。ほとんどの研究は，サンプルサイズが小さく，研究の質も高いものではなかったが，メタアナリシスの結果，行動療法と他の療法の間に有意な差はなかった（RR＝0.97, 95%CI＝0.86-1.09）。より詳細にグループ分けをして比較した場合，認知行動療法のほうが行動療法よりも優れており（RR＝0.93, 95%CI＝0.83-1.05），行動療法のほうが精神力動療法よりも優れている（RR＝1.24, 95%CI＝0.84-1.82）という結果であった。ただし，これらは組み入れられた研究が少なく，その質も低いためエビデンスの質は低い。

レビューの結果，Shinohara et al. (2013) は，「行動療法と他の心理療法は同等に効果的である」と結論しているが，これはあたかもドードー鳥評定を彷彿とさせるような結論である。行動療法と認知

行動療法を比べて，効果が同等であるという結論にはあまり意味がない。より意味のある比較をするのであれば，認知行動療法と他のアプローチを比較するべきであろう。

次に，心理療法（認知行動療法）単独と，薬物療法を併用した場合の効果を比較したレビューを見てみたい（Cox, Callahan et al., 2012）。対象は青年および子どもである。10 件の RCT が組み入れられているが，いずれも研究の質が高くないことに加え，参加者の性質がさまざまであり（重症度，併存疾患），研究を統合するには限界があった。まず，アウトカムを介入直後の医師の診断による寛解とした場合，わずか 2 本の研究しかなかったが，メタアナリシスの結果，薬物療法は心理療法より有効であることがわかった（OR ＝0.52，95％ CI ＝0.27–0.98）。さらに，薬物単独と併用療法を比較した場合，これもわずか 3 研究のメタアナリシスであるが，併用療法の方が効果が大きいことがわかった。ただし，その効果量は有意ではなかった（OR＝1.56，95%CI＝0.98–2.47）。

したがって，今後より厳密な方法による研究が必要であること，さらに併用療法は再発予防の効果が大きいと考えられていることから，介入直後ではなく長期間フォローアップした場合の再発率をアウトカムとした比較なども必要となるだろう。

そのほかのサブグループに対する認知行動療法の効果はどうだろうか。まず，うつ病の子どもや若者を対象としたレビューを見てみたい。Cox, Fisher et al. (2012) は，うつ病の再燃・再発予防を主たるアウトカムとしてメタアナリシスを行なっている。レビューに組み込まれたのは 9 本の RCT であったが，その質は高いとは言えず，研究デザインも多様であり，抗うつ剤とプラセボを比較している研究もあれば，心理療法と薬物療法の併用と薬物療法単独を比較しているものもあった。前者では，プラセボ群に比べて抗うつ剤を

投与した場合のほうが，再発率が低いことが見出された（OR＝0.34, 95％ CI＝0.18－0.64）。後者については，1件の RCT しかなく，心理療法併用のほうが好ましい結果であったが，有意ではなかった（OR＝0.26，95％CI＝0.06–1.15）。

　一方，高齢者のうつ病に対する心理療法の効果を検討したレビューもある。Wilson et al.（2008）は，認知行動療法と治療待機群を比較し，前者のほうがより効果的であることを見出した（WMD＝－9.85，95％CI＝－11.97－－7.73）。また，認知行動療法を他の治療と比較したところ，ハミルトン抑うつ尺度をアウトカムにした場合は認知行動療法のほうに有意な効果があったが（WMD＝－5.69，95％CI＝－11.04－－0.35），老人性抑うつ尺度の場合は有意な差はなかった。さらに，3件の小規模 RCT であるが，認知行動療法と精神力動療法を比較した研究を統合したところ，両者には有意な差は見出されなかった。

　産後うつ病の女性（Dennis & Hodnett, 2007）や，末期がん患者の抑うつ（Akechi et al., 2013）に対する心理療法の効果も検証されている。前者では組み入れられた 10 の研究のうち，6件で CBT が用いられており，ほかには非指示的カウンセリングを用いたものが3件，精神力動療法，対人関係療法，パーソン・センタード・セラピーが 1 件ずつなどであった（1 つの研究で複数の療法を用いているものがある）。いずれも研究の質は低かったが，産後うつ病の治療に心理療法は効果的であると結論されている。がん患者の抑うつに関しては，6件の RCT（4件が支持的心理療法，1件が認知行動療法，1件が問題解決法をそれぞれ通常ケアと比較）によって，心理療法はうつ病スケールのスコアを低下させるうえで効果的であったと結論されている（SMD＝－0.44，95％CI＝－0.08－－0.80）。

　いわゆる第三世代の認知行動療法の効果に関するコクランレ

ビューも 2 本ある。Hunot et al.（2013）のレビューでは，まだ一次研究が少なく，組み込まれた研究の質もきわめて低いものであったが，現時点ではアクセプタンス・コミットメント・セラピー（ACT）と行動活性化療法は，従来の認知行動療法に比べて，うつ病の治療における効果は同等のものであることがわかった（RR＝1.14，95%＝0.79-1.64）。また，第三世代の認知行動療法を通常治療（Treatment as Usual：TAU）と比較した場合，これもきわめて研究の質は低かったが，前者のほうが有意な効果を示していた（RR＝0.51，95%CI＝0.27-0.95）（Churchill et al., 2012）。

　コクランレビュー以外でも，認知行動療法の系統的レビューは数多く存在する。そのなかでも方法論的に最も厳格である Gloaguen et al.（1998）のレビューでは，成人のうつ病に関して，治療待機群またはプラセボとの比較では効果量は ES＝0.82，抗うつ剤との比較では ES＝0.38，行動療法との比較では ES＝0.05，他の心理療法との比較では ES＝0.24 であった。当然のことながら，無治療である群との比較における効果量が最大であるが，抗うつ剤や他の心理療法との比較でも小さい効果の差が見出されている。

精神力動療法

　精神力動療法の効果研究は，ほとんどが短期精神力動療法に限定されたものである。短期精神力動療法は，対人関係および無意識的な感情・欲動・思考が症状の基盤にあると考える。これまでもいくつかのメタアナリシスがあったが，いずれも含まれた研究の数が少なく，結果もまちまちであった（Crits-Christoph, 1992；Leichsenring et al., 2004；Svartberg & Stiles, 1991）。

　うつ病に対する精神力動療法のコクランレビューは，まだプロトコール段階であり（Moore et al., 2010），レビュー自体は完成してい

236 第4部 エビデンスと心理療法

ないので，現時点では確かなことは何も言えない。また，うつ病を含むさまざまな精神疾患に対する短期精神力動療法の効果を評価したコクランレビューでは，うつ病に対して短期精神力動療法は，小〜中程度の有意な効果があることが見出されたが（SMD＝−0.50，95%CI＝−0.61−−0.09），その効果は長期的なフォローアップでは有意ではなくなった（Abbass et al., 2014）。

コクランレビュー以外では，Driessen et al.（2010）のレビューがある。そこには，23の研究が含まれているが，それらの研究の質は総じて高くない。RCTは13本あるが，抗うつ剤を併用しているケースが多いため，短期力動療法の効果なのか薬物療法の効果なのかが判然としないものもある。盲検化されているものは4本，ITT解析がなされているものは7本にとどまっている。

したがって，短期力動療法のみを何らかの対照群と比較している研究だけを取り出してメタアナリシスをした結果を見るのが一番良さそうであるが，そのような研究は5件あった。メタアナリシスの結果，d＝0.80，95%CI＝0.32−1.28という大きな効果が見出されている。しかし，5つのうち4つが治療待機群との比較であることから，「何もしなかった場合よりは効果があった」という結論であり，効果が過大評価されているおそれがある。他の心理療法との比較もされているが，RCTではない研究も含まれているため，結果は参考程度にとどめるべきであろう。ここに含まれた13研究のうち，認知行動療法との比較が6本，折衷的療法との比較が4本などであるが，効果量はd＝−0.05，95%CI＝−0.29−0.19で，他の心理療法がわずかに優れていたが，有意な効果ではなかった。

Smit et al（2011）の長期力動療法の効果についてのメタアナリシスは，11のRCTまたは準RCTが組み込まれている。長期力動療法の臨床研究は少ないので，このメタアナリシスでもアウトカムは1

つの疾患に絞れず，さまざまな精神障害からの改善がアウトカムとされている。その結果，効果量は 0.0（95%CI＝－0.17–0.17, p＝0.964）であり，ほとんど効果がないという結果であった。

その他のアプローチ

上記以外のアプローチでコクランレビューが存在するのは，リラクセーション（Jorm & Hetrick, 2008），家族療法（Henken et al., 2007），音楽療法（Maratos et al., 2008）である。

漸進的筋弛緩法や自律訓練法などのリラクセーション訓練は，包括的な認知行動療法の一要素として活用されることがあり，それ単独でもメンタルヘルス上の効果をねらって活用されることがある。Jorm & Hetrick（2008）は，これらのリラクセーション訓練が，うつ病に及ぼす効果を検証した RCT または準 RCT に関するメタアナリシスを行なった。その結果，治療待機群や無治療群などとの比較では，自己評価によるうつ病スコアは有意に低かったが（SMD＝－0.59，95%CI＝－0.94–－0.24），臨床家評定によるうつ病スコアに有意差はなかった。認知行動療法をはじめとする心理療法との比較では，自己評定によるうつ病スコアは心理療法のほうが有意に低かったが（SMD＝0.38，95%CI＝0.14–0.62），臨床家評定によるスコアに有意差はなかった。

これらの結果から，リラクセーションには主観的なうつ症状を軽減する効果があるが，心理療法に優るものではないことがわかる。しかし，専門家による評定では心理療法との間に有意な差がないことから，高度な専門技能がなくても実施できるリラクセーションの役割が期待できると言えよう。今後は，どのようなうつ病患者のサブサイプにより適しているかなど，詳細な検討が必要であろう。

家族療法と音楽療法に関しては，いずれも研究の数が少ないうえ，

それぞれの研究で用いられた介入方法などがまちまちで、研究間の異質性が大きいため、研究を統合することができなかったという結果になっている。家族療法の場合、厳密にデザインされた RCT が3本あるが、たとえばそのなかのひとつである Glick et al. (1985) の研究では、心理教育的入院家族療法と通常治療（TAU）の比較をしている。その結果、女性患者のみが退院時のうつ病のスコアが有意に低下したことが見出されている。一方、男性の場合は18カ月後時点で逆効果であったことがわかった。また、個人認知行動療法と行動的家族療法を比較した研究（Brent et al., 1997）では、認知行動療法のほうが治療終結時の自己報告による症状の改善、再発率ともに優れた成果であった。ただし、2年後のフォローアップ時には差が消失していた。

とはいえ、これらは一次研究の結果であるため、レビュー著者の結論では、現時点では家族療法のエビデンスはなく、うつ病の治療にあたっては、エビデンスのある他の心理療法を用いることが望ましいとされている。

本書執筆現在、コクランレビューでは、人間学的心理療法、マインドフルネス認知療法などのレビューがプロトコール段階となっており、完成が待たれるところである。

4　統合失調症

統合失調症の治療において、最もエビデンスがあるのは言うまでもなく抗精神病薬である。たとえば、クロルプロマジンのレビューは3本、ハロペリドール8本、リスペリドン8本など、代表的な抗精神病薬には複数のコクランレビューがある。最も歴史のある抗精神病薬であるクロルプロマジンとプラセボを比較したコクランレ

ビュー（Adams et al., 2014）では，55 の RCT が組み入れられ，その結果，クロルプロマジンは症状の抑制，患者の機能の向上，再発防止などに有意な効果があったことが示されている。しかし，運動障害，パーキンソン症状などの副作用が多く見られたことも報告されている。結論として著者は，クロルプロマジンの効果が十分に実証されたと述べ，治療の「ベンチマーク」であるとしている。

認知行動療法

では，心理療法のエビデンスはどうであろうか。特に，どのようなアウトカムに関して効果があるのだろうか。

Jones et al.（2012）は，認知行動療法と他の心理療法を比較している。統合失調症に対する認知行動療法は，問題解決法や社会技能訓練（Social Skills Training：SST）などによって，社会適応能力を高めたり，再発を抑制したりすることに主眼が置かれることが多い。あるいは，思考，感情，行動の関連を明確にし，不適応的思考の修正を図るという認知行動療法本来の性格から，統合失調症の思考障害などにも適用できると考えられている。

本レビューにおけるアウトカムは，再発，陽性および陰性症状の抑制，社会的機能，生活の質などであった。20 の RCT がメタアナリシスに組み入れられたが，ほとんどの試験が小規模で，質も高くなかった。いずれのアウトカムについても，認知行動療法が他の心理療法より優っているというエビデンスは得られなかった。たとえば，再発のアウトカムに関しては 5 本の RCT があったが，効果量は，RR＝0.91，95%CI＝0.63–1.32 であり，有意な効果ではなかった。

Tungpunkom et al.（2012）は，統合失調症を含む慢性の精神疾患に対する SST の効果を検証している。483 人の参加者を対象として 7 本の RCT が組み込まれたが，アウトカムが生活スキルのパフォー

マンス，生活の質，PANSS（陽性・陰性症状評価尺度）スコアなど複数あり，それぞれのアウトカムを比較した RCT は 1 つずつしかないので，メタアナリシスになっていないうえに，いずれも有意な効果は見出されていない。

また，Naeen et al.（2014）は，短期認知行動療法と長期認知行動療法の統合失調症への治療の効果を比較した。統合失調症における短期認知行動療法の RCT は 7 件見出されたが，長期療法と比較した RCT は皆無だったため，メタアナリシスができなかった。なお，認知行動療法のレビューは，このほか 4 本がプロトコール段階であり，間もなくの完成が期待される。

心理教育

Xia et al.（2011）は，5,142 人を対象とした 44 の試験を組み入れてメタアナリシスを行なった。まず，心理教育を受けた参加者は，治療の不遵守が少なく（N＝1,400，RR＝0.52，95%CI＝0.40–0.67，NNT＝11，95%CI＝9–16），再発（N＝1,214，RR＝0.70，95%CI＝0.61–0.81，NNT＝9，95%CI＝7–14），再入院（N＝206，RR＝0.71，95%CI＝0.56–0.89，NNT＝5，95%CI＝4–13）も有意に少なかった。さらに，治療サービスへの満足度も高かった（N＝236，RR＝0.24，95%CI＝0.12–0.50，NNT＝5，95%CI＝5–8）。

このような結果から，心理教育の臨床的有用性や費用対効果の高さが支持される一方で，著者は効果量が過大評価されている可能性を示唆している。

家族療法

統合失調症に対する家族療法のコクランレビュー（Pharoah et al., 2010）には，合計 53 の RCT が組み込まれた。そのうち，2,981 人

を対象とした 32 の RCT によって，家族療法は再発の頻度を有意に抑制することがわかった（RR＝0.55，95%CI＝0.5–0.6，NNT＝7，95%CI＝6–8）。また，そのほかのアウトカムに関しては，メタアナリシスに組み込まれた RCT および参加者の数はずっと少ないが，入院（RR＝0.78，95%CI＝0.6–1.0，NNT＝8，95%CI＝6–13），服薬遵守（RR＝0.60，95%CI＝0.5–0.7，NNT＝6，95%CI＝5–9）などにも有意な効果が見出された。ただし，RCT の質が低いため，これらの効果量は過大に見積もられている可能性がある。

森田療法

　He & Li（2007）は，森田療法の効果についてのレビューをまとめている。12 の RCT が含められたが，いずれも規模が小さく，研究の質も高いものではなかった。森田療法と TAU を比較した 10 本の RCT からは，森田療法からの脱落が非常に小さいことがわかったが，その差は有意ではなかった（RR＝1.01，95%CI＝0.4–2.8）。また，森田療法は精神症状の改善にも効果があることが示唆されている。たとえば，2 つの RCT によって，BPRS スコア（N＝278，WMD＝−6.95，95%CI＝−9.3–−4.6），社会的機能（IPROS スコア）（N＝278，SMD＝−18.14，95%CI＝−21.3–−15.0）などの改善が示唆されている。ただし，研究が少なく質も高いものではないことから，これらをまとめて著者は，統合失調症に対する森田療法は，まだ実験的な介入と呼ぶべきで，今後のさらなる研究が必要であると結論している。

音楽療法

　Mössler et al.（2011）は，8 つの RCT を組み入れて音楽療法の効果を検討している。アウトカムはさまざまであるが，各アウトカムを

検討した RCT は非常に少ない。たとえば，患者の全般的状態をアウトカムにして，音楽療法を一般的ケアに追加した場合と一般的ケアのみを比較した RCT は 1 件のみであったが，患者の全般的状態が改善されることがわかった（N＝72, RR＝0.10, 95%CI＝0.03−0.31, NNT＝2, 95%CI＝1.2−2.2）。また，陰性症状アセスメント尺度（Scale for the Assessment of Negative Symptoms：SANS）で測定した陰性症状をアウトカムにした RCT は 4 件あったが，音楽療法は陰性症状を有意に抑制することがわかった（SMD＝−0.74, 95%CI＝−1.00−−0.47）。

音楽療法は，一般的な治療に加えて，資格のあるセラピストが十分な数のセッションを実施した場合，統合失調症患者の精神症状の緩和に役立つことが示唆されたと言える。

その他のアプローチ

上記のほか，ダンスセラピー，ドラマセラピー（Ruddy & Dent-Bown, 2007），エクササイズ（Gorczynski & Faulkner, 2010），園芸療法（Liu et al., 2014），催眠（Izquierdo de Santiago & Khan, 2007），問題解決訓練（Xia & Li, 2007）などのレビューがあるが，いずれも研究の数が少なく，十分なエビデンスは得られていない。

5　物質使用障害

アルコールやタバコ，薬物依存症の研究や治療は，欧米の臨床心理学領域では非常に盛んであるが，わが国ではなぜか心理の専門家の数がきわめて少ない。これもまた日本特有の「ガラパゴス現象」のひとつであろう。米国では，依存症研究の分野から生み出された理論や実践が，依存症以外の領域にも広く活用されるようになった

ものも少なくない。たとえば，リラプス・プリベンション（Marlatt & Donovan, 2005），動機づけ面接法（Miller & Rollnick, 1991），ステージ変容理論（Prochaska & Norcross, 2007）などはその代表的なものである。

依存症治療における心理療法には数多くのエビデンスがあるにもかかわらず，わが国では依存症専門の心理臨床家が少ないために，依存症の治療やケアは医療と自助グループ任せで，心理療法があまり活用されていないことは非常に残念である。

ブリーフセラピー

アルコール依存症に対する心理療法のうち，最もエビデンスがあるのはブリーフセラピーである。介入は，通常1〜3セッションで，動機づけ面接法，情報提供，スキル訓練などを行なう。たとえば，一般病棟に入院した重度の患者にブリーフセラピーを行なった場合，6カ月後の時点で，飲酒量が有意に減少し（SMD＝−69.43，95%CI＝−128.14−−10.72），死亡リスクも有意に低下した（RR＝0.42，95%CI＝0.19−0.94）（McQueen et al., 2011）。ただし，「断酒」をアウトカムにしたものではない。

認知行動療法

Knapp et al.（2007）は，コカインや精神刺激薬（覚せい剤など）依存に対する心理療法の効果を検証した。その結果，研究間の異質性が大きく，有意な効果を示すエビデンスは得られなかったが，随伴性マネジメント（Contingency Manegement：CM）などのテクニックを用いた行動療法が，他の治療よりも幾分効果的であった。随伴性マネジメントとは，断薬や治療出席などの望ましい行動に対して物質的な強化を与えるもので，バウチャーなどの金銭的強化がよく

用いられる（原田，2010a）。

　Terplan & Lui（2007）は，妊婦の薬物依存症者に対する随伴性マネジメント（CM）の効果を検討している。メタアナリシスの結果，CMは治療継続と薬物使用の抑制のいずれにも効果があったが，後者の場合の効果量は小さく，それも一時的なものであった。

　コクラン以外のメタアナリシスでは，Irving et al.（1999）は，アルコール，タバコ，コカインおよび複数薬物依存者に対する認知行動療法に基づくリラプス・プリベンションの効果を検証している。その結果，全般的な効果量は r＝0.14（95%CI＝0.10–0.17）であった。また，心理社会的適応度をアウトカムにした場合は，より大きな効果が見られた（r＝0.48, 95%CI＝0.42–0.53）。最も効果が大きかったのは，アルコール依存症者であった。

　また，Magill & Ray（2009）のメタアナリシスによれば，認知行動療法には薬物・アルコール使用障害に対して有意な効果があった（g＝0.154, p＜0.005）。最も効果が大きかったのは，大麻使用であった（g＝0.513, p＜0.005）。

　Zgierska et al.（2009）は，物質使用障害に対するマインドフルネス認知療法の効果についてメタアナリシスを行なっている。未公刊のものも含めて22件の研究が見出されたが，RCTは8件であり，ほとんどの研究において大きな方法上の問題が見出された。したがって，メタアナリシスでは結論を出すに至っていない。

　Stead & Lancaster（2005）は，禁煙に対する集団行動療法の効果を検証している。13の試験が集団行動療法と自助プログラムを比較しているが，前者のほうが有意に禁煙を促進する効果があった（N＝4,375, RR＝1.98, 95%CI＝1.60–2.46）。集団療法と個別カウンセリング療法との比較においては，有意な差が見出されなかった。

　また，Lancaster & Stead（2005）は，個別の行動的カウンセリン

グの禁煙への効果を評価した。22件の試験が個別カウンセリングと最低限の行動的介入の比較を行なったが，個別カウンセリングのほうが効果が大きかった（RR＝1.39，95%CI＝1.24–1.57）。また，4件の試験がニコチン代替療法との比較を行なっているが，個別カウンセリングのほうに有意な効果が見出されている（RR＝1.27，95%CI＝1.02–1.59）。

　Hajek et al.（2009）は，禁煙に対するリラプス・プリベンションの効果を検討している。しかし，組み込まれた研究にRCTが少なく，検出力が小さかったため，有意な効果を見出すことができなかった。

　また，嫌悪療法についてのレビューもある（Hajek & Stead, 2004）。これは，気分が悪くなるほどにタバコを短時間に急速に吸わせることによって，禁煙を促進しようとする行動的な方法である。対照群との比較では，OR＝2.01，95%CI＝1.36–2.95という有意な効果量が得られているが，研究の質の低さ，公表バイアスの恐れなどが問題であり，慎重な解釈を要するため，著書は嫌悪療法にはその効果を支持するエビデンスがあると言えないと結論している。特に，心疾患などのある患者には危険が大きいので使用してはならない。

　サブグループに対する治療を見てみると，まず青年に対する禁煙治療では，ニコチン代替療法には効果が見出されなかった一方で，動機づけ面接法や認知行動療法を組み合わせた治療には，1年後の禁煙率において有意な効果が見出されている（RR＝1.56，95%CI＝1.21–2.01）。また，冠動脈疾患患者に対する禁煙治療において，行動療法，電話サポート，自習教材の効果を調べたところ，1年後の禁煙に関してすべてのアプローチに有意な効果が見出されたが，行動療法の効果量が最も大きかった（OR＝1.69，95%CI＝1.33–1.24）（Barth et al., 2008）。

246 第 4 部 エビデンスと心理療法

動機づけ面接法

　動機づけ面接法（Motivational Interviewing：MI）とは，行動変容に対するアンビバレンス（たとえば，アルコールをやめたいが，でもまだ飲みつづけたい）を解決するための面接テクニックであり，依存症治療においては，クライエントの行動変容へのモチベーションを高めるために活用される（Miller & Rollnick, 1991）。

　薬物使用に対する動機づけ面接法は，無治療群に対して有意に薬物使用を抑制する効果が認められた（SMD＝0.79，95%CI＝0.48–1.09）が，その効果は短期的・中期的フォローアップ時には小さくなり，長期間のフォローアップによってはもはや有意ではなくなった（Smedslund et al., 2011）。

　Lai et al.（2010）のレビューでは，禁煙に対する動機づけ面接法の効果を，簡単なアドバイスや通常のケアと比較して検討している。その結果，動機づけ面接法のほうが，禁煙成功率が有意に高いことがわかった（RR＝1.27, 95%CI＝1.14–1.42）。サブグループ解析では，プライマリケア医やカウンセラーによる実施，さらには 1 回のセッションが 20 分以上である場合に効果的であることが示された。動機づけ面接法を習得するには相当の訓練が必要であるため，介入の質に差があることがうかがえる。

自助グループ

　アルコーホリクス・アノニマス（Alcoholics Anonymous：AA）については，1 本のコクランレビューがある。AA は，今や世界 40 カ国以上に支部をもつ世界的規模を有するアルコール依存症者の自助グループであり，わが国でも活発な活動を行なっている（原田, 2013）。しかし，常々言われることであるが，AA の効果についての

研究は少なく，残念ながらその効果が実証されているとは言い難い。Ferri et al.（2006）のレビューでは，AA は他の治療よりも患者の治療受容度が高く，治療を継続しやすいことが示唆されているが，研究が少ないため確証的なことは言えなかった。現在のところ AA の飲酒アウトカムについての効果を示す RCT はない。

治療共同体

治療共同体（Therapeutic Community：TC）は，スタッフとメンバーによる共同体の相互作用を利用して回復を目指す治療形態の総称であり，そこでは，時間と活動のすべてを治療のために利用し，認知行動療法的プログラム，自助グループ的ミーティング，個別カウンセリングなど多種多様な活動が実施される。また，労働や居住区域の環境整備などを通して，勤労意欲や生活管理スキルを身に付ける（原田，2010a）。

Smith et al.（2006）によると，TC と他の形式の居住型治療を比較しても，TC に有意な効果は見出されなかったが，無治療と比較した 2 つの RCT では TC のほうが 1 年後の刑務所再収容率が有意に低かった（RR＝0.68，95%CI＝057–0.81）。また，刑務所における TC を他の刑務所プログラムと比較した場合も，TC のほうが刑務所再収容率が有意に低い結果となった（RR＝0.28，95%CI＝0.13–0.63）。

また，刑務所におけるさまざまな治療法を比較した Mitchell et al.（2006）のキャンベルレビューでは，ブートキャンプ式身体鍛錬やメサドンによる薬物維持療法，グループカウンセリングには，薬物再使用を抑制する効果がなく，再犯抑制と薬物再使用抑制の効果が共に高かったのは TC のみであり，その再犯抑制効果は，平均オッズ比で 1.37（95%CI＝1.17–1.62）であった。これを再犯率に換算

248　第4部　エビデンスと心理療法

すると，治療群が28%であるのに対し，対照群は35%となる。ただし，治療共同体と一口に言っても，その態様は実に多種多様であるため，果たしてどの治療共同体にも同様に効果があるのか，具体的なプログラム内容はいかなるものか，そのなかのどの方法に効果があるのかなどについて不明な点が多く，今後さらなる研究が必要である。

予防

　では，未成年の飲酒予防に関する介入はどうだろうか。Foxcroft & Tsertsvadze（2011）は，学校における予防プログラムの効果を検証した。ほとんどがクラスターRCTだったが，試験の報告の質が低く，手続きをきちんと報告していない論文が多かった。介入としては，スキル訓練，ゲーム形式の心理教育などがあった。有意な効果が見出された研究もあったが，効果のなかった研究もあり，現在のところ一貫したエビデンスは見出されていない。今後は，どのような予防教育をすれば効果が高まるのかを一層明確にする必要がある。

　一方，学校ベースの違法薬物予防プログラムでは，知識に焦点を当てた教育プログラムには有意な効果がなかったが（SMD＝0.91，95%CI＝0.42–1.39），スキル訓練は大麻使用を抑制し（RR＝0.82，95%CI＝0.73–0.92），ピアプレッシャーへの抵抗を高める効果があった（RR＝2.05，95%CI＝1.24–3.42）。ただ，薬物使用一般を抑制する有意な効果は認められなかった（RR＝0.81，95%CI＝0.64–1.02）（Faggiano et al., 2005）。

その他の方法

　最もレビューの多い禁煙に関しては，パートナーからのサポート（Park et al., 2012），運動（Ussher et al., 2014）の効果に対するレビュー

第 8 章　疾患別のエビデンス　　249

などもあるが，いずれも研究の少なさなどから十分なエビデンスは見出されていない。また，禁煙でなく節煙をすることによる健康への長期的な効果を支持するエビデンスはない（Stead & Lancaster, 2007）。つまり，健康のために節煙を試みてもあまり意味がなく，健康を考えるならば選択肢は禁煙しかないと言えるであろう。

おわりに

EBP の未来

　EBP は好き嫌いにかかわらず，今後の心理臨床においてますます重要なものとなってくることは間違いない。そして，これからのよりよい臨床のためにはそうでなくてはならない。好き嫌いで済ますことのできる問題ではないのだ。

　とはいえ，繰り返し述べてきたように，残念ながらわが国の臨床場面では，EBP に対する根強い批判や嫌悪が蔓延していることもまた事実であるし，それは一朝一夕にどうにかなるような問題ではない。心理臨床における EBP 先進国の米国ですら，同様の問題が生じている。"Clinical Psychology Review" 誌は，2013 年「EBP の未来」と題した特集を組んだ。そこに寄稿した数々の研究者はいずれも EBP を推進する立場であったが，皆同様に EBP への根強い抵抗を危惧している。そして，そこに "Scientist-Practioner Gap"（科学者・研究者と臨床家のギャップ）を感じている。EBP 時代の米国における臨床家の教育モデルが "Scientist-Practioner Model" を強調していることはすでに述べた通りであるが，そのような教育がまだ十分に行きわたっていないということを物語っているだろう。また，それ以上に問題であるのは，むしろ EBP 時代以前に教育を受けた世代による根強い抵抗であろう。

　科学者−臨床家ギャップのうち最も懸念されるものは，研究知見よりも，個人の経験や直観などに基づいて臨床判断を行なうという根強い傾向である（Gaudiano & Miller, 2013）。米国では多くの臨床家は，EBP に対する一般的態度はおおむね肯定的であるが，エビデ

ンスの供給源としての研究論文の位置づけが低いという点が問題であるという（Lilienfeld et al., 2013）。つまり，EBP への理解や態度がまだ抽象的な段階にとどまっており，具体的な臨床態度の変容までには至っていないということになろう。

Cohen et al.（1986）の調査によれば，臨床家は研究よりも，ワークショップ，ハウツー本，同僚との情報交換のほうを好むということが明らかになっている。また，より最近の調査でも，Stewart & Chambless（2007）が，アメリカ心理学会第 12 部会（臨床心理学）のメンバー 508 人を対象に，自分の臨床との関連において重視しているものを 1〜7 の 7 段階の評価で尋ねたところ（1 が最も重要），対照試験は平均 3.09 ± 1.56 点であったのに対し，過去の臨床経験が 1.53 ± 0.91 点，同僚のアドバイス 2.70 ± 1.28，治療結果に対する最近の研究 2.86 ± 1.59 などという結果であった。この結果から，最近の研究や対照試験よりも，自分の経験や同僚のアドバイスを重視していることがはっきりとわかる。特に自分の経験の影響力は，他の情報源の影響力よりも有意に大きかった（p＜0.001）。

このように，最新最善の研究に基づいたエビデンスではなく，自らの経験や他の誰かの経験に依拠しようとする場合，後者の「エビデンス」を "practice-based evidence" と呼ぶことがある。これは，「臨床体験に基づいたエビデンス」であり，エビデンスに基づいた臨床（EBP）が排除しようとしているものにほかならない。つまり，それは正しい意味でのエビデンスとはかけ離れたものである。

「臨床体験に基づいたエビデンス」に依拠する傾向は，わが国においても根強く残っている。私もある医学系の学会で，一人の研究者がきわめて荒唐無稽な発表をしていたのを聞いたことがある。そのときフロアから「その治療にエビデンスはあるのか」という厳しい質問が飛ばされたが，演者は笑みを浮かべながら「私がエビデン

スです」と答え，会場は失笑に沸いた。これは極端な例かもしれないが，このような例は程度の差こそあれ，わが国のヘルスケアの場面では，いまだに"practice-based evidence"に頼って治療を行なっていることの一例である。

一方で，望ましい動きもある。アメリカ心理学会が「実証的に支持された心理療法」（EST）のリストを発表した10年後の調査によれば，多くの大学や臨床心理専門家の養成機関が，そのカリキュラムにESTを組み込むようになってきている。たとえば，パニック障害に対する認知行動療法がカリキュラムに入っていたのは，1993年時点では64.4%だったのが，2003年時点では88.5%と大幅に増加している。うつ病への認知行動療法は，1993年時点でも89.6%と高い数字であったが，2003年にはさらに伸びて92.3%となっている（Woody et al., 2005）。

カバー率が低いのは，ストレスコーピングのためのストレス免疫訓練（93年データなし，2003年31.8%），リウマチ性疾患の疼痛のための多要素認知行動療法（93年データなし，2003年31.1%），反抗性障害の子どもをもつ親への親訓練（93年57.8%，2003年35.7%に減少）などである。その理由としては，こうした治療法の専門家や指導者が少ないこと，ESTすべてをカバーするための時間がないことなどが挙げられる（Woody et al., 2005）。

わが国においても，エビデンスやEBPという言葉が用いられることはたしかに増えた。しかし，先の例の通り"practice-based evidence"を重視する傾向は，アメリカよりもはるかに多いだろうし，エビデンスのない心理療法が用いられつづけている状況もはるかに深刻である。そして何より問題であるのは，こうした状況の結果，ごく限られた少数のクライエントしかEBPの恩恵を受けることができていないという実態である。藁にもすがる思いでセラピーを受

けても，プラセボ程度の効果しかない心理療法しか受けられないという現状は，一刻も早く改善されなければならない。

EBP の時代になって，あるセラピーが他のセラピーよりも科学的に支持されるということが明確になってきた。この点で，エビデンスとはかなり冷酷で残酷なものなのかもしれないし，EBP が毛嫌いされる最大の理由のひとつはここにあるのだろう。自分が長年取り組んできた方法が否定されたり，それを変える必要に迫られたりすると，誰しも面白くないのは当然である。しかし，それを乗り越えてはじめて真の EBP の時代が来るのである。

とはいえ，長年力動的療法によって神経症の治療をしてきた専門家が，エビデンスがあるからといって今日から認知行動療法に易々と「宗旨替え」するようなことはあまり想像できない。Lilienfeld et al.（2013）は，その理由として，長年の経験による個人的体験が当人にその療法の正当性を支持していること（インフォーマルなエビデンス，または "practice-based evidence"）と，そして認知的不協和によって EBP 無用論・科学無能論を主張するようなることを挙げている。また，Eysenck（1985）が言うように，彼らにとって「精神分析はひとつの生き方なので，どのような批判であれ，感情的になりやすく，その議論を論理的に見ることも，自分の抱いている信念に対する批判を注意深く受け止めることも，できなく」なっているからである。

しかし，学問はこれまでもこのような時代の転換を何度も経験してきた。物理学で言えば，16 世紀にコペルニクスが地動説を唱えたとき，当時の学者は誰もそれに賛同しなかったし，ローマ教皇庁はその著書を発禁処分にした。その後，地動説を引き継いだブルーノは死刑に処せられ，ガリレオも異端審問で有罪とされた。コペルニクスの著書が発禁処分を解かれたのは，彼の死後 300 年近い時を

経てからのことである。

　このように，古い理論が捨て去られ，新しい理論が受け入れられるのは，人々の考え方が変わったからではなく，世代が変わったからである。とはいえ，世代交代をひたすら受身的に待っていても仕方がない。今われわれにできることは，これからの心理臨床を背負って立つ若い世代の教育である。私は若い世代にこそ期待している。その一方で米国においても，セラピストの教育が医師と違って多種多様であり，科学教育や倫理教育が不十分な場合があることが問題視されている（Gaudiano & Miller, 2003）。わが国では，大学院における臨床心理士の養成のほかに，さまざまな市民講座や団体が独自の「セラピスト」養成をうたっている。そのなかには一朝一夕で「資格」が取得できるあやしげなものも少なくないのは，本当に憂慮すべき事態であり，このままでよいはずがない。

　本書を執筆中に「公認心理師法」が成立し，わが国で初めて心理的支援に関する国家資格が定められることとなった。法案提出時の理由として「心理に関する支援を要する者等の心理に関する相談，援助等の業務に従事する者の資質の向上及びその業務の適正を図るため」ということが挙げられているが（衆議院，2015），国家資格となった以上，これまで以上に心理的支援サービスに対する国民の期待は大きくなるだろうし，その責任も大きくなる。したがって，公認心理師の養成にあたっては，旧態依然としたカリキュラムを漫然と実施するのではなく，時代の要請と支援を必要とする人々の期待に応え，責任を果たすことができる専門家を養成できるようなカリキュラムが必要である。その際に考慮すべき重要な点は，まさにエビデンスである。先述のように，アメリカでは scientist-practitioner 養成を目標に掲げ，「実証的に支持された心理療法」(EST) のリストをカリキュラムに組み込むことが進められてきた。わが国

においても，同様に「どのようなアプローチに効果があるのか」という問いに基づいて教育が進められるべきで，決して教員の好み，慣習，利益などをもとにカリキュラムが組まれるようなことがあってはならない。

また，研究者は，わが国の心理臨床に関する RCT や RCT のメタアナリシスを精力的に行なっていかなければならない。現段階では一次研究たる RCT を増やしていくことが最優先課題であろう。また海外の研究と肩を並べるためには，国際学会での発表，英文での論文発表，海外の研究者との共同研究などを積極的に行なう必要がある。

EBP を嫌悪する臨床家に対して最後に一言伝えるとすれば，かつてのように，クライエントは専門家の言うことを聞いてさえいればよかった時代はもう終わってしまったということを，今一度，自覚してほしいということである。しかし，多くの臨床家は「そんなことはわかっている。自分はクライエントのことを第一に思って臨床をやっている」と言うだろう。しかし，そうであれば，その態度と EBP を嫌悪する態度の間の矛盾をどう説明するのだろうか。

今はインフォームド・コンセントや説明責任が求められる時代である。クライエントに対して，ほかにエビデンスのある治療があるにもかかわらず，それを故意に説明しないことはインフォームド・コンセントにおいて許されるはずがない（Chambless, 2002）。また，セラピストが治療法の選択についての理由をクライエントやその家族から問われたとき，「長年これでやってきましたから」「私はこの方法が好きなのです」「私の経験ではこれが一番なのです」というのでは，説明責任は果たせないことは明白である。

心理療法は，セラピストのためにあるのではなく，クライエント，その家族，われわれの社会全体など，受益者のためにあるということを今一度確認する必要がある。

文献

Abbass, A.A., Kisely, S.R., Town, J.M., Leichsenring, F., Driessen, E., De Maat S., Gerber, A., Dekker, J., Rabung, S., Rusalovska, S., & Crowe, E.（2014）Short-term psychodynamic psychotherapies for common mental disorders. Cochrane Database of Systematic Reviews 2014, Issue 7. Art. No.：CD004687. DOI：10. 1002/14651858. CD004687. pub4.

Adams, C.E., Awad, G.A., Rathbone, J., Thornle,B., & Soares-Weiser, K.（2014）Chlorpromazine versus placebo for schizophrenia. Cochrane Database of Systematic Reviews 2014, Issue 1. Art. No.：CD000284. DOI：10. 1002/14651858. CD000284. pub3.

Akechi, T., Okuyama, T., Onishi, J., Morita, T., & Furukawa, T.A.（2013）Psychotherapy for depression among incurable cancer patients. Cochrane Database of Systematic Reviews 2013, Issue 6. Art. No.：CD005537. DOI：10.1002/14651858. CD005537. pub2

Akkerman, R.L, Stanley, M.A., Averill, P.M., Novy, D.M., Snyder, A.G., & Diefenbach, G.J.（2001）Recruiting older adults with generalized anxiety disorder. Journal of Mental Health and Aging, 7（4）, 385-94.

American Psychiatric Association（2013）Diagnostic and Statistical Manual of Mental Disorders, 5th edition. Washington, DC：Author.

American Psychological Association（2009）Publication Manual of the American Psychological Association, 6th edition. Washington, DC：Author.

American Psychological Association Presidential Task Force on Evidence-Based Practice（2006）Evidence-based practice in psychology. American Psychologist, 61（4）, 271-285.

Asay, T.P. & Lambert, M.J.（1999）The empirical case for the common factors in therapy：Quantitative findings. In：Hubble, M.A., Duncun, B.L., & Miller, S.D.（Eds.）（1999）The Heart & Soul of Change：What Works in Therapy, pp.23-55. Washington, DC：American Psychological Association.

Barbor, T.F., de la Fuente, J.R., Saunders, J., & Grant, M.（1992）AUDIT：The Alcohol Use Disorder Identification Test：Guidance for Use in Primary Health Care. Geneva：WHO.

Barth, J., Critchley, J.A., & Bengel, J.（2008）Psychosocial interventions for smoking cessation in patients with coronary heart disease. Cochrane Database of Systematic Reviews 2008, Issue 1. Art. No. : CD006886. DOI : 10. 1002/14651858. CD006886.

Bergin, A.E. (1963) The empirical emphasis in psychotherapy : A symposium. The effects of psychotherapy : Negative results revisited. Journal of Consulting and Clinical Psychology, 10(3), 244-250.

Bergin, A.E. & Garfield, S.L. (1971) Handbook of Psychotherapy and Behavior Change : An Empirical Analysis. New York : Wiley.

Beutler, L.E. (1991) Have all won and must all have prizes ? : Revisiting Luborsky et al.'s verdict. Journal of Consulting and Clinical Psychology, 59(2), 226-232.

Bisson, J.I., Roberts, N.P., Andrew, M., Cooper, R., & Lewis, C. (2013) Psychological therapies for chronic post-traumatic stress disorder (PTSD) in adults. Cochrane Database of Systematic Reviews 2013, Issue 12. Art. No. : CD003388. DOI: 10.1002/14651858.CD003388.pub4.

Bjelakovic, G., Nikolova, D., Gluud, L.L., Simonett, R.G., & Gluud, C. (2007) Motality in randomized trials of antioxidant supplements for prmary and secondary prevention. Journal of the American Medical Association, 297, 842-857.

Bolton, D. & Perrin, S. (2008) Evaluation of exposure with response-prevention for obsessive-compulsive disorder in childhood and adolescence. Journal of Behavior Therapy and Experimental Psychiatry, 39(1), 11-22.

Boutron, I., Moher, D., Tugwell, P., Giraudeau, B., Poiraudeau, S., Nizard, R., & Ravaud, P. (2005) A checklist to evaluate a report of a nonpharmacological trial (CLEAR NPT) was developed using consensus. Journal of Clinical Epidemiology, 58, 1233-1240.

Brent, D.A., Holder, D., Kolko, D., Birmaher, B., Baugher, M., Roth, C., et al. (1997) A clinical psychotherapy trial for adolescent depression comparing cognitive, family, and supportive therapy. Archives of General Psychiatry, 54(9), 877-885.

Brown, J.B. (2001) Who Rules in Science ? : An Opinionated Guide to The Wars. Cambridge, MA : Harvard University Press. (青木薫 訳 (2010) なぜ科学を語ってすれ違うのか――ソーカル事件を超えて. みすず書房)

Campbell, M.K., Elboure, D.R., & Altman, D.G. (2004) CONSORT statement : Extension to cluster randomised trials. BMJ, 328, 702-708.

Centre for Reviews and Dissemination (2014) Cognitive-behavioral treatment with adult alcohol and illicit drug users : A meta-analysis of randomized controlled trials. Database of Abstracts of Reviews of Effects, 3.

Chambless, D.L.（2002）Beware the Dodo bird : The dangers of overgeneralization. Clinical Psychology : Science and Practice, V9N1, Spring, 13-16.

Chambless, D.L. & Hollon, S.D.（1998）Defining empirically supported therapies. Journal of Consulting and Clinical Psychology, 66, 7-18.

Chambless, D.L. & Ollendick, T.H.（2001）Empirically supported psychological intervention : Controversies and evidence. Annual Review of Psychology, 52, 685-716.

Chambless, D.L., Sanderson, W.C., Shoham, V., Benett-Johnson, S, et al.（1995）An update on empirically validated therapies. Clinical Psychology, 49(2), 5-18.

Churchill, R., Moore, T.H.M., Furukawa, T.A., Caldwell, D.M., Davies, P., Jones, H., Shinohara, K., Imai, H., Lewis, G., & Hunot, V.（2012）'Third wave'cognitive and behavioural therapies versus treatment as usual for depression. Cochrane Database of Systematic Reviews 2013, Issue 10. Art. No. : CD008705. DOI : 10. 1002/14651858. CD008705. pub2.

Cochrane Library（2012）Browse Cochrane Database of Systematic Reviews.（http://www.thecochranelibrary.com/view/0/index.html［2014年8月アクセス］）

Cohen, L. Sargent, M., & Sechrest, L.（1986）Use of psychotherapy research by professional psychologists. American Psychologist, 41, 198-206.

Cooper, M.（2008）Essential Research Findings in Counselling and Psychotherapy : A Facts Are Friendly. Thousand Oaks, CA : Sage Publications.（清水幹夫，末武康広 監訳（2012）エビデンスにもとづくカウンセリング効果の研究—クライエントにとって何が最も役に立つのか．岩崎学術出版社）

Coulter, M.K. & Dean, M.E.（2007）Homeopathy for attention deficit/hyper-activity disorder or hyperkinetic disorder. Cochrane Database of Systematic Reviews 2007, Issue 4. Art. No. : CD005648. DOI : 10. 1002/14651858. CD005648. pub2.

Cox, G.R., Callahan, P., Churchill, R., Hunot, V., Merry, S.N., Parker, A.G., & Hetrick, S.E.（2012）Psychological therapies versus antidepressant medication, alone and in combination for depression in children and adolescents. Cochrane Database of Systematic Reviews 2012, Issue 11. Art. No. : CD008324. DOI : 10. 1002/14651858. CD008324. pub2.

Cox, G.R., Fisher, C.A., De Silva, S., Phelan, M., Akinwale, O.P., Simmons, M.B., & Hetrick, S.E.（2012）Interventions for preventing relapse and recurrence of a depressive disorder in children and adolescents. Cochrane Database of Systematic Reviews 2012, Issue 11. Art. No.:CD007504. DOI:10.1002/14651858. CD007504.pub2.

Crits-Christoph, P. (1992) The efficacy of brief dynamic psychotherapy : A meta-analysis, American Journal of Psychiatry, 149, 151-157.

Crits-Christoph, P. (1997) Limitations of the Dodo bird verdict and the role of clinical trials in psychotherapy research : Comment on Wampold et al. (1997) Psychological Bulletin, 122(3), 216-220.

Crits-Christoph, P., Frank, E., Chambless, D.L., Brody, C., & Karp, J.F. (1995) Training in empirically-validated treatments : What are clinical psychology students learning ? Professional Psychology : Research and Practice, 26, 514-522.

Dawes, R.M., Faust, D., & Meehe, P.E. (1989) Clinical versus actuarial judgment. Science, 243, 1668-1674.

Dawkins, R. (1999) Unweaving the Rainbow : Science, Delusion and the Appetite for Wonder. London : Penguin Books. (福岡伸一 訳 (2001) 虹の解体—いかにして科学は驚異への扉を開いたか. 早川書房)

Dennis, C.L. & Hodnett, E.D. (2007) Psychosocial and psychological interventions for treating postpartum depression. Cochrane Database of Systematic Reviews 2007, Issue 4. Art. No. : CD006116. DOI : 10. 1002/14651858. CD006116. pub2.

Devilly, G.J., Spence, S., & Rapee, R. (1998) Statistical and reliable change with eye movement desensitization and reprocessing : Treating trauma within a veteran population. Behavior Therapy, 26, 435-455.

Dickersin, K., Straus, S.E., & Bero, L.A. (2007) Evidence based medicine : Increasing, not dictating, choice. BMJ, 334, s10.

Doll, R. & Hill, A.B. (1950) Smoking and carcinoma of the lung : A preliminary report. BMJ, Sep. 30, 2(4682), 739-748.

Driessen, E., Cuijpers, P., de Maat, S.C., Abbass, A.A., de Jonghe, F., & Dekker, J.J. (2010) The efficacy of shrt-term psychodynamic psychotherapy for depression : A meta-analysis. Clinical Psycholy Review, 30(1), 25-36.

Elkin, I., Shea, M.T., Watkins, J.T., Imber, S.D., et al. (1989) National Institute of Mental Health treatment of depression collaborative research program. General effectiveness of treatments : Randomized controlled trial. Archives of General Psychiatry, 46, 971-982.

(von) Elm, E., Altman, D.G., Egger, M., Pocock, S.J., Gøtzsche, P.C., Vandenbroucke,

J.P., & STROBE Initiative (2008) The Strengthening the Reporting of Observational Studies in Epidemiology (STROBE) statement : Guidelines for reporting observational studies. Journal of Clinical Epidemioogy, 61(4), 344-349.

Eysenck, H.J. (1952) The effects of psychotherapy : An evaluation. Journal of Consulting Psychology, 16, 319-324.

Eysenck, H.J. (1965) The effects of psychotherapy. International Journal of Psychiatry, 1, 99-144.

Eysenck, H.J. (1985) Decline and Fall of the Freudian Empire. London : Penguin Books. (宮内勝, 中野明徳, 藤山直樹, 小澤道雄ほか訳 (1988) 精神分析に別れを告げよう―フロイト帝国の衰退と没落. 批評社)

Faggiano, F., Vigna-Taglianti, F., Versino, E., Zambon, A., Borraccino, A., & Lemma, P. (2005) School-based prevention for illicit drugs' use. Cochrane Database of Systematic Reviews 2005, Issue 2. Art. No. : CD003020. DOI : 10. 1002/14651858. CD003020. pub2.

Feinfield, K.A. & Baker, B.L. (2004) Empirical validation of a treatment for families of young children with externalizing problems. Journal of Clinical Child and Adolescent Psychology, 33, 182-195.

Ferri, M., Amato, L., & Davoli, M. (2006) Alcoholics Anonymous and other 12-step programmes for alcohol dependence. Cochrane Database of Systematic Reviews 2006, Issue 3. Art. No. : CD005032. DOI : 10. 1002/14651858. CD005032. pub2.

Foxcroft, D.R. & Tsertsvadze, A. (2011) Universal school-based prevention programs for alcohol misuse in young people. Cochrane Database of Systematic Reviews 2011, Issue 5. Art. No. : CD009113. DOI : 10. 1002/14651858. CD009113.

古川壽亮 (2000) エビデンス精神医療―EBP の基礎から臨床まで. 医学書院.

古澤頼雄, 都筑学, 斉藤こずゑ (2000) 心理学・倫理ガイドブック―リサーチと臨床. 有斐閣.

Garfield, S.L. & Bergin, A.E. (1986) Handbook of Psychotherapy and Behavior Change, 3rd edition. New York : Wiley.

Garske, J.P. & Anderson, T. (2004) Toward a science of psychotherapy research. In : Lilienfeld, S.O., Lynn, S.J., & Lohr, J.M. (Eds.) Science and Pseudosience in Clinical Psychology, pp.145-175. New York : Guilford Press.

Gaudiano, B.A. & Miller, I.W. (2013) The evidence-based practice of psychotherapy

: Facing the challenges that lie ahead. Clinical Psychology Review, 33, 813-824.

Glass, G.V. (1976) Primary, Secondary, and Meta-Analysis of Research. Educational Researcher, 5(10), 3-6.

Glick, I.D., Clarkin, J.F., Spencer, J.H., Haas, G.L., Lewis, A.B., Peyser, J., et al. (1985) Inpatient family intervention : A controlled evaluation of practice, I. Preliminary results of the six-month follow-up. Archives of General Psychiatry, 42, 882-886.

Gloaguen, V., Cottraux, J., Cucherat, M., & Blackburn, I. (1998) A meta-analysis of the effects of cognitive therapy in depressed patients. Journal of Affective Disorders, 49, 59-72.

Gorczynski, P. & Faulkner, G. (2010) Exercise therapy for schizophrenia. Cochrane Database of Systematic Reviews 2010, Issue 5. Art.No. : CD004412. DOI : 10. 1002/14651858. CD004412. pub2.

Green, S., Higgins, J.P.T., Alderson, P., Clarke, M., Mulrow, C.D., & Oxman, A.D. (2008) Introduction. In : Higgins J.P.T. & Green, S (Eds.) Cochrane Handbook for Systematic Reviews of Interventions, pp.3-9. Chichester : Wiley-Blackwell.

Greenhalgh, T. (1998) Narrative based medicine in an evidence based world. In : Greenhalgh, T. & Hurwitz, B. (Eds.) Narrative Based Medicine : Dialogue and Discourse in Clinical Practice, pp.247-265. London : BMJ Books. (斎藤清二, 山本和利, 岸本寛史 監訳 (2001) ナラティブ・ベイスト・メディスン —臨床における物語りと対話. 金剛出版)

Guyatt, G.H. (1991) Evidence-based medicine. ACP Journal Club March/April : A-16.

Hajek, P. & Stead, L.F. (2004) Aversive smoking for smoking cessation. Cochrane Database of Systematic Reviews 2004, Issue 3. Art. No. : CD000546. DOI : 10. 1002/14651858. CD000546. pub2.

Hajek, P., Stead, L.F., West, R., Jarvis, M., & Lancaster, T. (2009) Relapse prevention interventions for smoking cessation. Cochrane Database of Systematic Reviews2009, Issue 1. Art.No. : CD003999. DOI : 10. 1002/14651858. CD003999. pub3.

原田隆之 (2010a) 刑事施設におけるエビデンスに基づいた薬物依存治療. 犯罪心理学研究, 48(1), 51-64.

原田隆之 (2010b) 薬物依存症治療に対する新しい方略—Matrix モデルの理

論と実際. 日本アルコール・薬物医学会雑誌, 45(6), 557-568.

原田隆之 (2010c) 我が国の犯罪心理学における Evidence-based practice (EBP) の現状と課題. 犯罪心理学研究, 48 (特別), 261.

原田隆之 (2013) 物質使用障害とアディクションの治療に関するエビデンス. 精神科治療学, 28 (増刊), 52-58.

原田隆之, 津谷喜一郎 (2012) シリーズ「医療の近接領域および社会科学における EBP の動向」連載開始に当たって. 正しい治療と薬の情報, 27 (5), 61-62.

He, Y. & Li, C. (2007) Morita therapy for schizophrenia. Cochrane Database of Systematic Reviews 2007, Issue 1. Art. No. : CD006346. DOI : 10. 1002/14651858. CD006346.

Heirs, M. & Dean, M.E. (2007) Homeopathy for attention deficit/hyperactivity disorder or hyperkinetic disorder. Chochrane Database of Systematic Reviews 2007, Issue4. Art. No. : CD005648. DOI : 10. 1002/14651858. D005648. pub2.

Henken, T., Huibers, M.J., Churchill, R., Restifo, K.K., & Roelofs, J.J. (2007) Family therapy for depression. Cochrane Database of Systematic Reviews 2007, Issue 3. Art. No. : CD006728. DOI : 10. 1002/14651858. CD006728.

Higgins, P.T., Green, S., & Scholten, J.P.M. (2008) Maintaining reviews : Updates, amendments and feedback. In : Higgins, J.P.T. & Green, S. (Eds.) Cochrane Handbook for Systematic Reviews of Interventions, pp.31-49. Chichester : Wiley-Blackwell.

Horvath, A.O. & Luborsky, L. (1993) The role of the therapeutic alliance in psychotherapy. Journal of Consulting and Clinical Psychology, 61, 561-573.

Horvath, A.O. & Symonds, B.D. (1991) Relation between working alliance and outcome in psychotherapy : A meta-analysis. Journal of Counseling Psychology, 38, 139-149.

法務省 (2006) 性犯罪者処遇プログラム研究会報告書. (http://www.moj.go.jp/content/000002036.pdf [2014 年 5 月アクセス])

Howard, K.I., Krause, M.S., Saunders, S.M., & Kopta, S.M. (1997) Trials and tribulations in the meta-analysis of treatment differences : Comment on Wampold et al. (1997) Psychological Bulletin, 122(3), 221-225.

Hubble, M.A., Duncan, B.L. & Miller, S.D. (Eds.) (1999) The Heart & Soul of Change : What Works in Therapy. Washington, DC : APA Press.

Hulley, S.B., Cummings, S.R., Browner, W.S., Grady, D.G., & Newman, T.B. (2006)

Designing Clinical Research, 3rd edition. Philadelphia : Lippincott Williams & Willkins. (木原雅子，木原正博 訳（2009）医学的研究のデザイン—研究の質を高める疫学的アプローチ．メディカルサイエンスインターナショナル)

Hunot, V., Churchill, R., Silva de Lima, M., & Teixeira, V.（2007）Psychological therapies for generalised anxiety disorder. Cochrane Databese for Systematic Reviews, 2007, Issue 1. Art. No. : CD001848. DOI : 10. 1002/14651858. CD001848. pub4.

Hunot, V., Moore, T.H.M., Caldwell, D.M., Furukawa, T.A., Davies, P., Jones, H., Honyashiki, M., Chen, P., Lewis, G., & Churchill, R.（2013）'Third wave' cognitive and behavioural therapies versus other psychological therapies for depression. Cochrane Database of Systematic Reviews 2013, Issue 10. Art. No. : CD008704. DOI : 10. 1002/14651858. CD008704. pub2.

Hunsley, J. & Di Giulio, G.（2002）Dodo bird, phoeix, or urban legend? : The question of psychology equivalence. The Scientific Review of Mental Health Practice : Objective Investigations of Controversial and Unorthodox Claims in Clinical Psychology, Psychiatry, and Social Work, 1(1), 11-22.

池内了（2008）疑似科学入門．岩波書店．

Irving, E.J., Bowers, C.A., Dunn, M.E., & Wang, M.C.（1999）Efficacy of relapse prevention : A meta-analytic review. Journal of Consulting and Clinical Psychology, 67(4), 563-570.

石川勇一（2005）こころがよくわかるスピリチュアル臨床心理学．メディアート出版．

伊藤良子（1988）箱庭療法の深さについて—眠れる少年．箱庭療法学研究, 1(1), 3-16.

Izquierdo de Santiago, A. & Khan, M.（2007）Hypnosis for schizophrenia. Cochrane Database of Systematic Reviews 2007, Issue 4. Art. No. : CD004160. DOI : 10. 1002/14651858. CD004160. pub3.

James, A.A.C.J., Soler, A., & Weatherall, R.R.W.（2005）Cognitive behavioural therapy for anxiety disorders in children and adolescents. Cochrane Database of Systematic Reviews 2005, Issue 4.

Jones, C., Hacker, D., Cormac, I., Meaden, A., & Irving, C.B.（2012）Cognitive behaviour therapy versus other psychosocial treatments for schizophrenia. Cochrane Database of Systematic Reviews 2012, Issue 4. Art. No. : CD008712.

DOI : 10. 1002/14651858. CD008712. pub2.

Jorm, A.F., Morgan, A.J., & Hetrick, S.E.（2008）Relaxation for depression. Cochrane Database of Systematic Reviews 2008, Issue 4. Art. No. : CD007142. DOI : 10. 1002/14651858. CD007142. pub2.

Kabat-Zinn, J.（1990）Full Catastrophe Living : Using the Wisdom of Your Body and Mind to Face Stress, Pain, and Illness. New York : Delta.

Kabat-Zinn, J., Massion, A.O., Kristeller, J., Peterson, L.G., et al.（1992）Effectiveness of a meditation-based stress reduction program in the treatment of anxiety disorders. American Journal of Psychiatry, 149(7), 936-943.

Kalitzkus, V. & Matthiessen, P.F.（2009）Narrative-based medicine : Potential, pitfalls, and practice. The Permanente Journal, 13(1), 80-86.

Karver, M.S., Handelsman, J.B., Fields, S., & Brickman, L.（2006）Meta-analysis of therapeutic relationship variables in youth and family therapy : The evidence for different relationship variables in the child and adolescent treatment outcome literature. Clinical Psychology Review, 26, 50-65.

河合隼雄 編（1969）箱庭療法入門. 誠信書房.

河合隼雄（2001）事例研究の意義. 臨床心理学, 1(1), 4-9.

Kendall, P.C. & Chambless, D.L.（Eds.）（1998）Empirically Supported psychological therapies. Journal of Consulting and Clinical Psychology. 66, 3-167（special issue）.

Knapp, W.P., Soares, B., Farrell, M., & Silva de Lima, M.（2007）Psychosocial interventions for cocaine and psychostimulant amphetamines related disorders. Cochrane Database of Systematic Reviews 2007, Issue 3. Art. No. : CD003023. DOI : 10. 1002/14651858. CD003023. pub2.

Krieger, D.（1993）Accepting your power to Heal : The personal Practice of Therapeutic Touch. Santa Fe : Bear and Company.

Krisanaprakornkit, T., Sriraj, W., Piyavhatkul, N., & Laopaiboon, M.（2009）Meditation therapy for anxiety disorders. Cochorane Database of Systematic Reviews 2006, Issue 1. Art. No. : CD004998. DOI : 10. 1002/14651858. CD004998. pub2.

Lai, D.T.C., Cahill, K., Qin, Y., & Tang, J.L.（2010）Motivational interviewing for smoking cessation. Cochrane Database of Systematic Reviews 2010, Issue 1. Art. No. : CD006936. DOI : 10. 1002/14651858. CD006936. pub2.

Lambert, M.J.（1992）Psychoherapy outcome research : Implications for integrative and eclectic therapies. In : Norcross, J.C. & Goldfred, M.R. (Eds.) Handbook of Psychotherapy Integration. pp.94-129. New York : Basic Books.

Lambert, M.J. (2013) Introduction and historical overview. In : Lambert, M.J. (Ed.) Bergin and Garfield's Handbook of Psychotherapy and Behavior Change, 6th edition, pp.3-20. Chicago : Wiley.

Lancaster, T. & Stead, L.F. (2005) Individual behavioural counselling for smoking cessation. Cochrane Database of Systematic Reviews 2005, Issue 2. Art. No. : CD001292. DOI : 10. 1002/14651858. CD001292. pub2.

Larun, L., Nordheim, L.V., Ekeland, E., Hagen, K.B., & Heian, F. (2006) Exercise in prevention and treatment of anxiety and de-pression among children and young people. Cochrane Database of Systematic Reviews 2006, Issue 3. Art. No. : CD004691. DOI : 10.1002/14651858. CD004691. pub2.

Leichsenring, F. Rabung, S., & Leibing, E. (2004) The efficacy of short-term psychodynamic psychotherapy in specific psychiatric disorders : A meta-analysis. Archives of General Psychiatry, 61, 1208-1216.

Lilienfeld, S.O. (2010) Can psychology become a science ? Personality and Individual Differences, 49, 281-288.

Lilienfeld, S.O., Ritschel, L.A., Lynn, S.J., Cautin, R.L., & Latzman, R.D. (2013) Why many clinical psychologists are resistant to evidence-based practice : Root causes and constructive remedies. Clinical Psychology Review, 33(7), 883-900.

Lipsey, M.W. & Wilson, D.B. (2001) Practice Meta-Analysis. Thousand Oaks : Sage Publications.

Liu, Y., Bo, L., Sampson, S., Roberts, S., Zhang, G., & Wu, W. (2014) Horticultural therapy for schizophrenia. Cochrane Database of Systematic Reviews 2014, Issue 5. Art. No. : CD009413. DOI : 10. 1002/14651858. CD009413. pub2.

Lohr, J.M. (2001) Sakai et al. is not an adequate demonstration of TFT effectiveness. Journal of Clinical Psychology, 57(10), 1229-1235.

Lohr, J.M., Hooke, W., Gist, R., & Tolin, D.F. (2004) Novel and controversial treatment for trauma-related stress disorders. In : Lilienfeld, S.O., Lynn, S.J., & Lohr, J.M. (Eds.) Science and Pseudoscience in Clinical Psychology, pp.243-272. New York : Guildford Press.

Luborsky, L., Rosenthal, R., Diguer, L., et al. (2002) The dodo bird verdict is alive and well-mostly. Clinical Psychology : Science and Practice, 9(1), 2-12.

Luborsky, L., Singer, B., & Luborsky, L. (1975) Comparative studies of psychotherapies : Is it true that "Everyone has won and all must have prized"? Archives of General Psychiatry, 32, 995-1008.

Luebbe. A.M., Radcliffe, A.M., Callands, T.A., Green, D., & Thorn, B.E.（2007）Evidence-based practice in psychology : Perceptions of graduate students in scientist-practitioner programs. Journal of Clinical Psychology, 63(7), 643-655.

Macdonald, G., Higgins, J.P.T., Ramchandani, P., Valentine, J.C., Bronger, L.P., Klein, P., O'Daniel, R., Pickering, M., Rademaker, B., Richardson, G., & Taylor, M.（2012）Cognitive-behavioural interventions for children who have been sexually abused : A Systematic Review. Campbell Systematic Reviews 2012 : 14 DOI : 10. 4073/csr. 2012. 14.

Magill, M. & Ray, L.A.（2009）Cognitive-behavioral treatment with adult alcohol and illicit drug users: A meta-analysis of randomized controlled trials. Journal of Studies on Alcohol and Drugs, 70(4), 516-527.

Maratos, A., Gold, C., Wang, X., & Crawford, M.（2008）Music therapy for depression. Cochrane Database of Systematic Reviews 2008, Issue 1. Art. No. : CD004517. DOI : 10. 1002/14651858. CD004517. pub2.

Marlatt, G.A. & Donovan, D.M.（Eds.）（2005）Relapse Prevention : Maintenance Strategies in the Treatment of Addictive Behaviors, 2nd edition, pp.1-44. New York : The Guilford Press.（原田隆之 訳（2011）リラプス・プリベンション—依存症の新しい治療．日本評論社）

正木亮，津谷喜一郎（2006）エビデンスに基づく医療（EBM）の系譜と方向性—保健医療評価に果たすコクラン共同計画の役割と未来．日本評価研究，6(1), 3-20.

McCarney, R.W, Linde, K., & Lasserson, T.J.（2004）Homeopathy for chronic asthma. Cochrane Database of Systematic Reviews 2004, Issue 1. Art. No. : CD000353. DOI : 10. 1002/14651858. CD000353. pub2.

McQueen, J., Howe, T.E., Allan, L., Mains, D., & Hardy, V.（2011）Brief interventions for heavy alcohol users admitted to general hospital wards. Cochrane Database of Systematic Reviews 2011, Issue 8. Art. No. : CD005191. DOI : 10. 1002/14651858. CD005191. pub3.

Medical Research Council（1948）Streptomycin treatment of pulmonary tuberculosis : A Medical Research Council investigation, BMJ, 2, 769-782.

Miller, W.R. & Rollnick, S.（1991）Motivational Interviewing : Preparing People to Change Addictive Behavior. New York, NY : Guilford Press.（松島義博，後藤

恵 訳（2007）動機づけ面接法. 星和書店）

Mishori R., Otubu, A., & Jones, A.A.（2011）The dangers of colon cleansing. Journal of Family Practice, 60(8), 454-457.

Mitchell, J.T. & Everly, G.S.（1997）The scientific evidence for critical incident stress management. Journal of Emergency Medical Services, 22(1), 86-93.

Mitchell, O., Wilson, D.B., & MacKenzie, D.L.（2006）The effectiveness of incarceration-based drug treatment on criminal behavior. Campbell Systematic Reviews 2006 : 11, DOI : 10. 4073/csr. 2006. 11.

水本篤, 竹内理（2008）研究論文における効果量の報告のために―基礎的概念と注意点. 英語教育研究, 31, 57-66.

Mlodinow, L.（2008）The Drunkard's Walk : How Randomness Rules Our Lives. New York : Vintage Books.（田中三彦 訳（2009）たまたま―日常に潜む「偶然」を科学する. ダイヤモンド社）

Moncrieff, J., Churchill, R., Drummond, C., & McGuire, H.（2001）Development of a quality assessment instrument for trials of treatments for depression and neurosis. International Journal of Methods in Psychiatric Research, 10(3), 126-133.

Moore, T.H.M., Hunot, V., Davies, P., Caldwell, D., Jones, H., Lewis, G., & Churchill, R.（2010）Psychodynamic therapies versus treatment as usual for depression. Cochrane Database of Systematic Reviews 2010, Issue 9. Art. No. : CD008707. DOI : 10. 1002/14651858. CD008707.

Mössler, K., Chen, X., Heldal, T.O., & Gold, C.（2011）Music therapy for people with schizophrenia and schizophrenia-like disorders. Cochrane Database of Systematic Reviews 2011, Issue 12. Art.No. : CD004025. DOI: 10.1002/14651858.CD004025.pub3.

Naeem, F., Farooq, S., & Kingdon, D.（2014）Cognitive behavioural therapy（brief versus standard duration）for schizophrenia. Cochrane Database of Systematic Reviews 2014, Issue 4. Art. No. : CD010646. DOI : 10. 1002/14651858. CD010646. pub2.

中山健夫, 津谷喜一郎 編（2008）臨床研究と疫学研究のための国際ルール集. ライフサイエンス出版.

Nathan, P.E. & Gorman, J.M.（Eds.）（1998）A Guide to Treatments That Work. New York : Oxford University Press.

日本学術会議（2010）「ホメオパシー」についての会長談話.（http://www.scj.go.jp/ja/info/kohyo/pdf/kohyo-21-d8.pdf ［2014 年 10 月アクセス］）

野口善令（2009）はじめてのメタアナリシス―お金をかけなくてもできる 臨床研究入門. 健康医療評価研究機構.

Nye, C., Turner, H., & Schwartz, J.（2006）Approaches to parent involvement for improving the academic performance of elementary school age children. Campbell Systematic Reviews DOI : 10. 4073/csr. 2006. 4.

O'Mathuna, D.P. & Ashford, R.L.（2003）Therapeutic touch for healing acute wounds. Cochrane Database of Systematic Reviews 20.

大久保街亜, 岡田謙介（2012）伝えるための心理統計―効果量・信頼区間・ 検定力. 勁草書房

Oxford Centre for Evidence-based Medicine（2009）Levels of Evidence.（http:// www.cebm.net/?o=1025 ［2014 年 5 月アクセス)］)

Park, E.W., Tudiver, F.G., & Campbell, T.（2012）Enhancing partner support to improve smoking cessation. Cochrane Database of Systematic Reviews 2012, Issue 7. Art. No. : CD002928. DOI : 10. 1002/14651858. CD002928. pub3.

Petrosino, A., Turpin-Petrosino, C., & Buehler, J.（2004）"Scared Straight"and other juvenile awareness programs for preventing juvenile delinquency. Campbell Systematic Reviews 2004. 2. DOI : 10. 4073/csr. 2004.2.

Pharoah, F., Mari, J., Rathbone, J., & Wong, W.（2010）Family intervention for schizophrenia. Cochrane Database of Systematic Reviews 2010, Issue 12. Art. No. : CD000088. DOI : 10. 1002/14651858. CD000088. pub3.

Powers, M.B., Halpern, J.M. Ferenschak, M.P., Gillihan, S.J., & Foa, E.B.（2010）A meta-analytic review of prolonged exposure for posttraumatic stress disorder. Clinical Psychology Review, 30(6), 635-641.

Prochaska, J.O. & Norcross, J.C.（2007）Systems of Psychotherapy : A Transtheoretical Analysis, 6th edition. Emeryville : Brooks/Cole.（津田彰, 山崎久美子 監訳 （2010）心理療法の諸システム―多理論統合的分析 第 6 版. 金子書房）

Robinson, J., Biley F.C., & Dolk, H.（2007）Therapeutic touch for anxiety disorders. Cochrane Database of Systematic Reviews 2007, Issue 3. Art. No. : CD006240. DOI: 10.1002/14651858.CD006240.pub2.

Rogers, C.R.（1957）The necessary and sufficient conditions of therapeutic personality change. Journal of Consulting Psychology, 22, 95-103.

Rose, S.C., Bisson, J., Churchill, R., & Wessely, S.（2002）Psychological debriefing for preventing post traumatic stress disorder（PTSD）. Cochrane Database of Systematic Reviews 2002, Issue 2. Art. No. : CD000560. DOI : 10.

1002/14651858. CD000560.

Rosenzweig, S. (1936) Some implicit common factors in diverse methods of psychotherapy: "At last the Dodo said, 'Everybody has won and all must have prizes.'". American Journal of Orthopsychiatry, 6, 412-415.

Ruddy, R. & Dent-Brown, K. (2007) Drama therapy for schizophrenia or schizophrenia-like illnesses. Cochrane Database of Systematic Reviews 2007, Issue 1. Art. No. : CD005378. DOI : 10. 1002/14651858. CD005378. pub2.

Roth, A.D. & Fonagy, P. (1996) What Works for Whom ? : A Critical Review of Psychotherapy Research. New York : Guilford Press.

Sachdeva, A., Rawat, S., & Nagpal, J. (2014) Efficacy of fermented milk and whey proteins in Helicobacter pylori eradication : A review. World Journal of Gastroenterology, 20(3), 724-737.

Sackett, D.L. Straus, S.E., Richardson, W.S., Rosenberg, W., & Haynes, R.B. (2000) Evidence-Based Medicine : How to Practice and Teach EBM, 2nd edition. London : Churchill Livingstone.

Schulte, D., Kunzel, R., Pepping, G., & Schulte-Bahrenberg, T. (1992) 'Tailor-made versus standardized therapy of phobic patients'. Advances in Behaviour Research and Therapy, 14(2), 67-92.

Schulz, K.F., Altman, D.G., & Moher, D. for the CONSORT Group (2010) CONSORT 2010 statement : Updated guidelines for reporting parallel group randomised trials. British Medical Journal, 340, 698-702.

Shang, A, Huwiler-Müntener, K. Nartey, L., et al. (2005) Are the clinical effects of homeopathy placebo effects? : Comparative study of placebo-controlled trials of homoeopathy and allopathy. Lancet, 366, 726-732.

Shapiro, F. (1989) Efficacy of the eye movement desensitization procedure in the treatment of traumatic memories. Journal of Traumatic Stress, 2, 199-223.

Shapiro, D.A. & Shapiro, D. (1982a) Meta-analysis of comparative therapy outcome studies : A replication and refinement. Psychological Bulletin, 92(3), 681-604.

Shapiro, D.A. & Shapiro, D. (1982b) Meta-analysis of comparative therapy outcome studies : A reply to Wilson. Behavioural Psychotherapy, 10, 307-310.

Shinohara, K., Honyashiki, M., Imai, H., Hunot, V., Caldwell, D.M., Davis, P., Moore, T.H.M., Furukawa, T.A., & Churchill, R. (2013) Behavioural therapies versus other psychological therapies for depression. Cochrane Database for Systmatic Reviews 2013, Issue 10. Art No.: CD008696. DOI: 10. 1002/14651858. CD008696. pub2.

新谷弘実（2005）病気にならない生き方―ミラクル・エンザイムが寿命を決める．サンマーク出版．

Shirk, S.R. & Karver, M.（2003）Prediction of treatment outcome from relationship variables in child and adolescent therapy : A meta-analytic review. Journal of Consulting and Clinical Psychology, 71, 452-464.

衆議院（2015）第186回衆第43号公認心理士法案（http://www.shugiin.go.jp/internet/itdb_gian.nsf/html/gian/honbun/houan/g18601043.htm［2015 年 11 月アクセス]）

Silverman, W.A.（1977）The lesson of retrolental fibroplasia. Scientific American, 236, 100-107.

Singh, S. & Ernst, E.（2009）Trick or Treatment ?: Alternative Medicine on Trial. New York : W.W. Norton & Company.（青木薫 訳（2010）代替医療のトリック．新潮社）

Smedslund, G., Berg, R.C., Hammerstrøm, K.T., Steiro, A., Leiknes, K.A., Dahl, H.M., & Karlsen, K.（2011）Motivational interviewing for substance abuse. Cochrane Database of Systematic Reviews 2011, Issue 5. Art.No.:CD008063. DOI:10.1002/14651858.CD008063.pub2.

Smit, Y., Huibers, M.J.H., Ioannidis, J.P.A., van Dyck, R., van Tilburg, W., & Arnts, A.（2011）The effectiveness of long-term psychoanalytic psychotherapy : A meta-analysis of randomized controlled trials. Clinical Psychology Review, 32, 81-92.

Smith, L.A., Gates, S., & Foxcroft, D.（2006）Therapeutic communities for substance related disorder. Cochrane Database of Systematic Reviews 2006, Issue 1. Art. No.: CD005338. DOI: 10. 1002/14651858. CD005338. pub2.

Smith, M.L. & Glass, G.V.（1977）Meta-analysis of psychotherapy outcome studies. American Psychologist, 752-760.

Spirito, A.（Ed.）（1999）Empirically supported treatments in pediatric psychology. Journal of Pediatric Psychology, 24, 87-174（special issue）.

Stanton, A. & Grimshaw, G.（2013）Tobacco cessation interventions for young people. Cochrane Database of Systematic Reviews 2013, Issue 8. Art. No.: CD003289. DOI: 10. 1002/14651858. CD003289. pub5.

Stead, L.F. & Lancaster, T.（2005）Group behaviour therapy programmes for smoking cessation. Cochrane Database of Systematic Reviews 2005, Issue 2. Art.

No. : CD001007. DOI : 10. 1002/14651858. CD001007. pub2.

Stead, L.F. & Lancaster, T.（2007）Interventions to reduce harm from continued tobacco use. Cochrane Database of Systematic Reviews 2007, Issue 3. Art. No. : CD005231. DOI : 10. 1002/14651858. CD005231. pub2.

Stead, L.F. & Lancaster, T.（2005）Group behaviour therapy programmes for smoking cessation. Cochrane Database of Systematic Reviews 2005, Issue 2. Art. No. : CD001007. DOI : 10. 1002/14651858. CD001007. pub2.

Stead, L.F. & Lancaster, T.（2007）Interventions to reduce harm from continued tobacco use. Cochrane Database of Systematic Reviews 2007, Issue 3. Art. No. : CD005231. DOI : 10. 1002/14651858. CD005231. pub2.

Stewart, R.E. & Chambless, D.L.（2007）Does psychotherapy research inform treatment decisions in private practice? Journal of Clinical Psychology, 63（3）, 267-281.

鈴木光太郎（2008）オオカミ少女はいなかった―心理学の神話をめぐる冒険．新曜社.

Svartberg, M. & Stiles, T.C.（1991）Comparative effects of short-term psychodynamic psychotherapy : A meta-analysis. Journal of Consulting and Clinical Psychology, 59, 704-714.

丹後俊郎（2002）メタ・アナリシス入門―エビデンスの統合をめざす統計手法．朝倉書店.

丹野義彦（2001）エビデンス臨床心理学―認知行動理論の最前線．日本評論社.

垂水雄二（2009）悩ましい翻訳語―科学用語の由来と誤訳．八坂書房.

Task Force Promoting and Disseminating Psychological Procedures（1995）Training in and dissemination of empirically-validated psychological treatments : Report and recommendations. Clinical Psychology, 48（1）, 3-23.

Terplan, M. & Lui, S.（2007）Psychosocial interventions for pregnant women in outpatient illicit drug treatment programs compared to other interventions. Cochrane Database of Systematic Reviews 2007, Issue 4. Art. No. : CD006037. DOI : 10. 1002/14651858. CD006037. pub2.

The Cochrane Library（2012）Browse Cochrane Database of Systematic Reviews.（http://www.thecochranelibrary.com/view/0/index.html ［2014 年 11 月アクセス］）

Torgerson, D.J. & Torgerson, C.J.（2008）Designing Randomised Trials in Health, Education and the Social Sciences : An Introduction. Palgrave Macmillan.（原

田隆之, 大島巌, 津富宏, 上別府圭子 監訳 (2010) ランダム化比較試験 (RCT) の設計—ヒューマンサービス, 社会科学領域における活用のために. 日本評論社)

Tungpunkom, P., Maayan, N., & Soares-Weiser, K. (2012) Life skills programmes for chronic mental illnesses. Cochrane Database of Systematic Reviews 2012, Issue 1. Art. No. : CD000381. DOI : 10. 1002/14651858. CD000381. pub3.

津谷喜一郎 (2012) 日本のエビデンスに基づく医療 (EBM) の動きからのレッスン. In：国立教育政策研究所 編：教育研究とエビデンス—国際的動向と日本の現状と課題. 明石書店, pp.185-204.

津谷喜一郎, 元雄良治, 中山健夫 (2010) CONSORT 2010 声明—ランダム化比較並行群間比較試験報告のための最新版ガイドライン (訳). 薬理と治療, 38(11), 939-947.

津谷喜一郎, 山崎茂明, 坂巻弘之 編 (2000) EBM のための情報戦略—エビデンスをつくる, つたえる, つかう. 中外医学社.

浦島充佳 (2004) How to クリニカル・エビデンス. 医学書院.

Ussher, M.H., Taylor, A.H., & Faulkner, G.E.J. (2014) Exercise interventions for smoking cessation. Cochrane Database of Systematic Reviews 2014, Issue 8. Art. No. : CD002295. DOI : 10. 1002/14651858. CD002295. pub5.

Vreeman, R.C. & Carroll, A.E. (2007) Medical myths : Sometimes even doctors are duped. BMJ, 335, 1288-1289.

Wampold, B.E., Mondin, G.W., Moody, M., Stich, F., Benson, K., & Ahn, H.(1997a) A meta-analysis of outcome studies comparing bona fide psychotherapies : Empirically,"All must have prizes". Psychological Bulletin, 122(3), 203-215.

Wampold, B.E., Mondin, G.W., Moody, M., Stich, F., Benson, K., & Ahn, H.(1997b) The flat earth as a metaphor for the evidence for uniform efficacy of bona fide psychotherapies : Reply to Crits-Christoph (1997) and Howard et al. (1997). Psychological Bulletin, 122(3), 226-230.

Welsh, B.C. & Farrington, D.P. (2008) Effects of closed circuit television surveillance on crime. Campbell Systematic Reviews 2008 : 17 DOI : 10. 4073/csr. 2008. 17.

WHO/FIMS Committee of Physical Activity for Health (1995) Exercise for Health. Bulletin of the World Health Organization, 73(2), 135-136.

Wilson, G.T. (1982) How useful is meta-analysis in evaluating the effects of different psychological therapies? Behavioural Psychotherapy, 10, 221-231.

Wilson, J.J. & Gil, K.M. (1996) The efficacy of psychological and pharmacological interrentions for the treatment of chronic desease-related and non-disease-related pain. Clinical Psychology Review, 16, 573-597.

Wilson, K., Mottram, P.G., & Vassilas, C.（2008）Psychotherapeutic treatments for older depressed people. Cochrane Database of Systematic Reviews 2008, Issue 1. Art. No.：CD004853. DOI：10. 1002/14651858. CD004853. pub2.

Woody, S.R., Weisz, J., & McLean, C.（2005）Empirically supported treatments： 10 years later. The Clinical Psychologist, 58(4), 5-11.

World Medical Association（2013）WMA Declaration of Helsinki：Ethical Principles for Medical Research Involving Human Subjects.（http://www.wma. net/en/30publications/10policies/b3/［2014年5月アクセス］）

Xia, J. & Li, C.（2007）Problem solving skills for schizophrenia. Cochrane Database of Systematic Reviews 2007, Issue 2. Art. No.：CD006365. DOI：10. 1002/14651858. CD006365. pub2.

Xia, J., Merinder, L.B., Belgamwar, M.R., & Madhvi, R.（2011）Psychoeducation for schizophrenia. Cochrane Database of Systematic Reviews 2011, Issue 6. Art. No.：CD002831. DOI：10. 1002/14651858. CD002831. pub2.

山口拓洋（2010）サンプルサイズの設計．健康医療評価研究機構．

山中康裕（2001）事例検討と事例研究．臨床心理学，1(1), 17-20.

山崎茂明（2000）EBMを支えるための情報源の組織・流通・サービス． In：津谷喜一郎，山崎茂明，坂巻弘之 編（2000）EBMのための情報戦略—エビデンスをつくる，つたえる，つかう．中外医学社，pp.62-81.

Zgierska, A., Rabago, D., Chawla, N., Kushner, K., Koehler, R., & Marlatt, A.(2009) Mindfulness meditation for substance use disorders：A systematic review. Substance Abuse, 30, 266-294.

索引

A-Z

CONSORT 声明 130-133, 160, 178

DIPEx 36

DSM-5 .... 220, 228

EMDR 214, 229, 230

ITT 解析 122, 123, 132, 161, 162, 222, 236

Lambert の円グラフ 197

Minds ガイドラインセンター 77, 142

NNT ［▶治療必要数］

PICO 102, 103, 107, 129, 138, 139, 149, 151,
163, 167, 171, 173

RCT ［▶ランダム化比較試験］

RR ［▶リスク比］

SMD ［▶標準化平均差］

The COMET Initiative 179

あ

アウトカム 27, 45, 63-65, 91-94, 102, 103,
117, 118, 121-126, 151, 152, 161, 162, 164, 170,
171, 173-175, 179, 186, 190, 199, 225, 228,
230, 233, 234, 236, 237, 239-244, 247
コア・セット 179
主要— 107, 108, 132, 170
真の— 63, 64
代理— 63, 64
副次的— 107, 108, 132
アクセプタンス・コミットメント・セ
ラピー（ACT）............................ 155, 235
アメリカ心理学会 32, 60, 104, 144, 201,
220, 252, 253
アルコーホリクス・アノニマス（AA）...
246, 247
異質性 171, 172, 223, 228, 229, 238, 243

概念的— 172
統計学的— 172
インフォームド・コンセント 137, 151
うつ病 42, 58, 77, 93, 94, 117, 121, 125,
126, 193, 215, 231-238, 253
運動 222, 223
エビデンス検索サイト
EBMR（Evidence-Based Medicine Reviews）.....
143, 145, 146, 149-151, 160
MEDLINE ... 143, 145, 146, 149, 152, 153, 160
PsycINFO 144, 145, 160, 209, 210
PubMed 145, 153, 158
電子ジャーナル 144, 145
エビデンスのヒエラルキー 37
汚染 116, 162
音楽療法 157, 237, 241, 242

か

介入群 ... 21, 103, 106-113, 116-118, 120, 122, 125,
126, 129, 168, 175-177 ［▶実験群］［▶対照群］
介入研究 43, 95
科学者－臨床家モデル 34
家族療法 157, 215, 216, 219, 222, 237, 238,
240, 241
観察研究 37, 41-43, 85, 92-95, 131, 191,
199, 200
ケース・コントロール研究 37, 41,
42, 85, 90-95
コホート研究 37, 41, 42, 85, 93-95
患者の価値観 31, 32, 72
感度分析 173
関連性の錯誤 38, 42, 52, 87, 89, 92
キャリーオーバー効果 168
キャンベル共同計画 78, 79

共介入.............................28, 29, 86, 89

共通要因......196, 197, 200, 204 ［▶特異要因］

共変量...112, 114

禁煙...................142, 217, 244-246, 248, 249

区間推定.. 128

クロスオーバー・デザイン 168

系統的レビュー............37, 45-47, 74-76, 78,
99, 130, 138, 141-143, 149, 161, 162, 221, 235

ゲシュタルト療法..............157, 169, 186, 188

嫌悪療法...156, 245

検索モード.....................................140, 151

検出力.............................74, 104, 105, 245

検証モード...160

効果研究.....................185, 191, 205, 208, 235

効果量......104, 105, 123-128, 132, 161, 164, 171,
173, 175, 177, 179, 186-189, 192, 193, 199, 222,
224, 233, 235-237, 239-241, 244, 245

効能研究...191, 208

交絡..........87-89, 92, 93, 96, 109-111, 114, 119,
187, 190

コーピング・スキル訓練.....................221

コクラン共同計画..........72, 75-78, 141, 142,
146, 160, 164, 175

コントロール群..............93, 109 ［▶対照群］

さ

サブグループ解析............. 58, 172, 223, 246

サンプルサイズ....73, 103-105, 107, 127-129,
132, 161, 175, 177, 185, 203, 229, 232

思考場療法...226

自助グループ.........................243, 246, 247

実験群................................... 108 ［▶介入群］

実証的に支持された心理療法（治療）....
60, 201-203, 213, 220, 253, 255

社会技能訓練（SST）.........103, 218, 219, 239

従属変数.........87, 91, 92, 94-96, 102, 112, 114,
160, 170 ［▶独立変数］

準実験.........................37, 43, 85, 99, 191

一事例実験.............................85, 95, 208

前後比較研究...............43, 62, 85, 88-90

不等価 2 群比較デザイン.................43

事例研究..........40, 41, 85-88, 98, 99, 210, 211

事例集積研究.................................... 37, 40

心的外傷後ストレス障害（PTSD）.......73,
81, 169, 214, 228-231

真の効果........25-27, 29, 30, 62, 127, 128, 139,
173, 187, 191 ［▶見かけの効果］

信頼区間.........................127, 128, 161, 164, 177

心理教育............ 118, 215, 218, 238, 240, 248

心理的デブリーフィング....80-82, 230, 231

心理療法無効論.................................7, 183

随伴性マネジメント.....................243, 244

スケアード・ストレート 79, 80

ストレスマネジメント訓練........228, 229

精神分析......157, 169, 183, 184, 188, 196, 204,
210, 254

精神力動療法........118, 169, 175, 178, 186-189,
193, 204, 214, 215, 218, 232, 234-236

説明変数.........................87, 91 ［▶独立変数］

セラピーにおける Big4 197

期待...197

治療外要因.................................197

治療関係.....................................197

テクニック.................................197

セラピューティック・タッチ（TT）......
224-226

た

第 I 種の過誤 105, 127

第 II 種の過誤........................104, 105, 128

対照群............ 21, 42, 43, 61, 69, 103, 106-113,
116, 118, 120-123, 125, 126, 129, 149, 168,
175-179, 185, 186, 203, 226, 231, 236, 245, 248
［▶介入群］［▶コントロール群］

タッピング...226

妥当性

外的— …33, 86-90, 95, 99, 101, 110, 132, 191

内的— …33, 87-90, 92-96, 99, 101, 102, 110, 160, 169, 187, 191, 208

ダブル・ブラインド化［▶二重盲検化］

治療共同体（TC）…157, 247, 248

治療待機群…108, 163, 167, 172-176, 222, 228, 229, 234-237

治療待機者…118, 166

治療の忠実性…60

治療必要数（NNT）…222, 240-242

適性処遇交互作用…194

点推定…128

統合失調症…77, 103, 219, 238-242

統制群…109 ［▶対照群］

ドードー鳥評定…188, 189, 192-196, 205, 232

特異要因…197, 200, 201, 204 ［▶共通要因］

匿名化…121, 122

連結可能—…122

独立変数…87, 91-96, 102, 112, 160 ［▶従属変数］［▶説明変数］

な

ナラティブ・ベイスト・メディシン（NBM）…35, 36

二値変数…124, 125, 170, 171, 179

認知行動療法（CBT）…23, 58, 107, 108, 117, 118, 139, 140, 147-151, 163, 164, 166-169, 172-176, 178, 179, 188-190, 192, 193, 196, 204, 210, 213-222, 224, 228, 231-240, 243-245, 247, 253, 254

は

パーソン・センタード・セラピー…137, 169, 234

バイアス

確証—…38, 52, 187, 211

記憶—…38, 52, 93

公表—…130, 171, 192, 245

選択—…89, 90, 93, 111, 116, 117, 123, 168, 187, 192

パフォーマンス・—…119

曝露…91, 93, 94

曝露療法…157, 169, 213, 214, 218, 228, 229, 231

箱庭療法…209-211

パニック障害…169, 213-215, 220, 253

批判的吟味…37, 85, 144, 145, 158-161

標準化平均差（SMD）…124, 125, 128, 171, 175, 228, 229, 234, 236, 237, 241-243, 246, 248

費用対効果…27, 49, 240

不安障害…77, 155, 170, 179, 192, 213, 220, 221, 224, 225, 228

社交—…220

全般性—…163, 164, 166, 167, 213, 220

フォレストプロット…176, 177

複製モード…140, 159

物質使用障害…242, 244

ブラインド化 ［▶盲検化］

プラセボ効果…25-27, 29, 86, 139, 187, 197, 200, 204

ブリーフセラピー…169, 243

平均への回帰…28, 29, 42, 62, 89, 90, 139, 200

ベースライン測定…95, 115, 117, 118, 121

ヘルシンキ宣言…62

ホーソン効果…89, 90, 116, 187, 200

ま

マインドフルネス認知療法…224, 238, 244

マスキング ［▶盲検化］

マッチング…59, 93, 94, 179

見かけの効果…26-30, 39, 62 ［▶真の効果］

経時的変化…28, 29, 62, 86, 89, 90

成熟..28
履歴..28
無作為抽出［▶ランダム・サンプリング］
瞑想.. 157, 224
メタアナリシス.............7-9, 37, 45, 46, 58,
72-76, 80, 99, 128, 149, 150, 152, 159, 160,
163, 173-180, 185, 187-192, 194, 199, 200, 208,
221, 223, 224, 228, 230, 232, 233, 235-237,
239-241, 244, 256
盲検化（ブラインド化）.........71, 119, 121, 129,
132, 161, 162, 174, 186, 236
　一重一...121
　単純一...121
　二重一...121
森田療法.. 241

や／ら

有意水準....................................... 104, 105
ランダム化................... 96, 109-112, 114-116,
118, 120, 129, 132, 173-175
　層化................................. 112, 114, 115, 129
　クラスター一.............................. 115, 131
　ブロック一.................................111-114
　準一試験...111, 225

単純一... 110-114
一の隠匿............................. 116, 161, 173
一比較試験（RCT）................... 7, 21, 25,
29, 33, 37, 43, 45-47, 55, 61-64, 70, 71, 74,
96, 97, 101, 102, 107-109, 115, 119-121, 123-
125, 129-132, 138, 150, 152, 160, 161, 178-
180, 186, 190, 191, 193, 199, 205, 206, 208,
211, 221, 224, 228, 230, 232-234, 236-242,
244, 245, 247
準一化比較試験...................168, 236, 237
ランダム・サンプリング.......89, 109, 110
ランダム割り付け...................110, 116, 161
リサーチ・クエスチョン....73, 90, 91, 95,
102, 103, 118, 121, 128
リスク比（RR）............124-126, 128, 163, 164,
171, 175-177, 232, 235, 239-248
リラクセーション....157, 213, 217, 222, 224,
231, 237
リラプス・プリベンション........ 213, 215,
217, 243-245
臨床技能........................9, 31-33, 60, 138, 180
臨床研究........ 7, 8, 25, 41-43, 69, 87, 101, 102,
104, 191, 206, 230, 236
臨床試験登録....................................129-131
連続変数...........................123, 124, 170, 171

著者略歴

原田隆之

（はらだ・たかゆき）

筑波大学人間系教授。東京大学大学院医学系研究科客員研究員。一橋大学大学院，カリフォルニア州立大学大学院修了。法務省法務専門官，国連薬物犯罪事務所アソシエート・エキスパート，目白大学教授等を経て，現職。

● 主要著訳書

『サイコパスの真実』（著｜筑摩書房（ちくま新書）[2018]）

『入門 犯罪心理学』（著｜筑摩書房（ちくま新書）[2015]）

Addiction Medicine（2nd edition）（共著｜Oxford University Press [2016]）

『ギャンブル依存のための認知行動療法ワークブック』（監訳｜金剛出版 [2015]）

『性依存症の治療——暴走する性・彷徨う愛』（分担執筆｜金剛出版 [2014]）

『認知行動療法・禁煙ワークブック—— Re-Fresh プログラム』（著｜金剛出版 [2014]）

『認知行動療法実践レッスン——エキスパートに学ぶ 12 の極意』（分担執筆｜金剛出版 [2014]）

『薬物政策への新たなる挑戦——日本版ドラッグ・コートを越えて』（共著｜日本評論社 [2013]）

『リラプス・プリベンション——依存症の新しい治療』（訳｜日本評論社 [2011]）

『ランダム化比較試験（RCT）の設計——ヒューマンサービス，社会科学領域における活用のために』（共監訳｜日本評論社 [2011]）

Drug Dependence Treatment : Interventions for Drug Users in Prison（共著｜United Nations [2009]）

心理職のための

エビデンス・ベイスト・プラクティス入門

エビデンスを「まなぶ」「つくる」「つかう」

初 版	2015 年 12 月 30 日	
2 刷	2018 年 5 月 31 日	
著 者	原田隆之	
発行者	立石正信	
発行所	株式会社 金剛出版（〒 112-0005 東京都文京区水道 1-5-16）	
	電話 03-3815-6661 振替 00120-6-34848	
装 幀	小林 剛（UNA）	
組 版	志賀圭一	
印刷・製本	シナノ印刷	

ISBN978-4-7724-1461-6　C3011　©2015　Printed in Japan

医療専門職のための 研究論文の読み方
批判的吟味がわかるポケットガイド

[著]=イアン・K・クロンビー　[訳]=津富 宏

●四六判　●並製　●146頁　●本体 **2,200**円＋税

研究結果をどう解釈したらよいか理解でき，
統計データに惑わされずに正しく論文を読むことができる
〈批判的吟味〉のためのコンパクトガイド。

初心者のための
臨床心理学研究実践マニュアル 第2版

[著]=津川律子　遠藤裕乃

●A5判　●並製　●200頁　●本体 **2,600**円＋税

事例研究の留意点や統計データの集計法，
文献の集め方や事例発表許可の取り方など，
「研究の進め方と論文の書き方」実践マニュアル第2版。

認知行動療法・禁煙ワークブック
Re-Fresh プログラム

[著]=原田隆之

●B5判　●並製　●120頁　●本体 **2,000**円＋税

「わかっちゃいるけどやめられない」喫煙を科学的に解決！
認知行動療法の再発予防モデルによる，
8ステップ禁煙セルフワークブック！